미중 플랫폼 전쟁
GAFA vs BATH

미중 플랫폼 전쟁
GAFA vs BATH

초판 1쇄 인쇄 2019년 10월 4일
1쇄 발행 2019년 10월 10일

지은이 **다나카 미치아키** ㅣ 옮긴이 **정승욱**
펴낸이 **오세인** ㅣ 펴낸곳 **세종서적(주)**

주간 **정소연**
편집 **최정미 박은정** ㅣ 디자인 **디자인 규 김진희** ㅣ 인쇄 **교보피앤비**
마케팅 **임세현** ㅣ 경영지원 **홍성우 이지연**

출판등록   1992년 3월 4일 제4-172호
주소   서울시 광진구 천호대로132길 15, 세종 SMS 빌딩 3층
전화   마케팅 (02)778-4179, 편집 (02)775-7011 ㅣ 팩스 (02)776-4013
홈페이지   www.sejongbooks.co.kr ㅣ 블로그 sejongbook.blog.me
페이스북   www.facebook.com/sejongbooks ㅣ 원고 모집 sejong.edit@gmail.com

ISBN 978-89-8407-772-0 03320

이 도서의 국립중앙도서관 출판시도서목록(CIP)은 서지정보유통지원시스템
홈페이지(http://seoji.nl.go.kr)와 국가자료공동목록시스템(http://www.nl.go.kr/kolisnet)에서
이용하실 수 있습니다.(CIP제어번호: CIP2019035678)

· 잘못 만들어진 책은 바꾸어드립니다.
· 값은 뒤표지에 있습니다.

미중 플랫폼 전쟁

AI 시대 메가테크 기업, 최후 승자는?

다나카 미치아키 **지음** | 정승욱 **옮김**

GAFA

Google   Amazon   Facebook   Apple

VS

Baidu   Alibaba   Tencent   Huawei

BATH

GAFA와 BATH 없이는 미래를 말할 수 없다

GAFA(미국의 구글, 애플, 페이스북, 아마존)와 BATH(중국의 바이두, 알리바바, 텐센트, 화웨이)는 미국과 중국의 메가테크(거대 기술) 기업을 대표한다. 이들 기업의 동향이 현재 글로벌 경제에 큰 영향을 미치고 있으며, 각각의 전략이나 최신 기술이 세계 첨단 산업을 견인하고 있다. 이 회사들에서 일어나는 '불상사'는 "○○쇼크"라고 불리며 전 세계의 주가 하락을 초래한다. 이들 메가테크 기업의 영향을 받지 않는 사람도 국가도 거의 존재하지 않는다.

처음 두 나라 간의 관계는 미국 기업들이 제품을 표준화하고 그 이익을 선점하면, 중국 기업은 이를 모방하여 사업을 전개하는 형태였다. 그러나 이미 많은 분야에서, 중국의 메가테크 기업이 기술이나 사업을 표준화하면서 미국 '본가'의 지위를 위협하고 있다.

2018년 봄 무렵부터 순식간에 현실로 다가온 미·중 무역 전쟁. 필자는 그 본질을 '무역×기술 패권×안전 보장'의 대결로 보고 있다. 겉으로 드러난 무역 전쟁 자체는 비교적 빠르게 해결되더라도 기술 패권과 그에 연계된 국가적 안전 보장의 대결은 장기화할 것으로 예측된다. 앞으로 본문에서 자세히 풀이하겠지만, 최첨단 기술 측면에서 중국 기업이 미국 기업을 위협하는 존재로 성장하면서, 기술 패권과 안전 보장의 대결이 현실로 다가오고 있다.

8개사를 분류, 비교하다

이 책은 GAFA와 BATH라는 미국과 중국 메가테크 기업 8개사의 분석을 테마로 하여, 이미 공개된 사업 도메인에 따라 다음과 같이 분류, 비교한다.

- 아마존 vs 알리바바 (전자상거래로 시작)
- 애플 vs 화웨이 (제조업으로 시작)
- 페이스북 vs 텐센트 (SNS로 시작)
- 구글 vs 바이두 (검색 서비스로 시작)

이 책의 가장 큰 특징은 8개 메가테크 기업을 분류 비교하는 것이다. 분석의 핵심인 '비교'를 통해, 가장 벤치마킹해야 할 대상으로 주목받는 미·중 메가테크 기업 8개사를 더 깊게 포괄적으로 이해할 수 있다. 8개 회사 간의 비교, 4개 회사 간 비교, 3개 회사 간 비교, 2개 회사 간 비교 등을 통해 종횡무진 분석해 보면 비로소 볼 수 있는 것들이 적지 않다.

GAFA와 BATH에 대해, '존재는 알고 있었지만 주요 업종이 무엇인지, 어떤 점이 대단한지는 모르는' 독자들도 있을 것이다.

이 책에서는 먼저 '알고 있는 듯하면서도 사실은 모르는' 각 기업의 기본적인 사업구조를 개략적으로 해설할 것이다. 다음으로 '5요소 분석법'이라는 필자의 독자적인 검증법을 통해 각 기업의 전략을 풀이할 것이다.

이 검증법은 중국의 고전적인 전략론인 손자병법에서 가장 중요한 요소인 '오사五事(도道, 천天, 지地, 장將, 법法)'를 필자 나름대로 배열하여, 현대 경영 차원에서 재해석한 것이다. 이에 대해선 서장에서 자세히 설명할 것이다.

그 후, 제1장부터 제4장까지 최신 동향을 곁들여 가며 각 기업·산업의 미래를 짚어 본다.

제5장에서는 'ROA 맵'을 활용해 8개사의 종합적인 분석과 더불어 미·중 신냉전 상황을 분석한다. 일반적인 비즈니스 종사자에게는 미·중 신냉전이 득될 게 없다. 미·중 신냉전에 승자는 없을 것이다. 대결의 구도를 자세히 들여다보면 국가와 국가가 이어지고 산업과 산업이 이어지며 기업과 기업이 이어지고 사람과 사람이 이어져, 일련의 분열이 생겨났다는 것을 짐작할 수 있다.

이러한 문제 의식을 바탕으로 8개사와 아울러 정치·경제·사회·기술의 4개 분야를 전략적으로 분석(PEST분석)할 것이다. 종장에서는 시사점을 제공하는데, 주요 키워드는 목적 설정의 리셋과 전략의 요점이다.

8개사 분석을 통해 무엇을 볼 수 있는가

미·중 메가테크 기업 8개사를 분석하는 의미는 무엇인가. 필자는 다음 5가지로 설정한다.

① '플랫포머의 패권 전쟁'을 읽을 수 있다

8개 회사는 대부분은 '플랫포머'라고도 불리며, 각각의 영역에서 독자적인 경제권을 확대하고 있다. 플랫폼이란 원래 '받침, 토대, 기반'을 의미한다. 플랫포머란 '비즈니스나 정보를 전달할 때 기반이 되는 제품·서비스·시스템을 제3자에게 제공하는 사업자'이다. 이른바 향후 비즈니스의 가장 중요한 부분을 책임지는 사업자인 이 8개사의 분석이 글로벌 산업의 변화 흐름을 파악하는 데 가장 중요하다는 점에 이의를 제기할 사람은 없을 것이다.

② '선도적 이익을 창조하는 중국 기업의 동향'을 읽을 수 있다

모방 즉, 베끼기로 시작한 중국의 메가테크 기업이, 현재는 독자적인 혁신을 통해 새로운 가치를 창조하고 있다. 후발 주자였으나, 이젠 선도적이익을 창조하게 된 중국 기업들의 움직임에 크게 주목할 필요가 있다.

③ '한 업종에서 다른 업종으로 발전한 이유'를 읽을 수 있다

전술했듯이 이 책에서는, 같은 업종에서 시작한 미·중 기업을 2개씩 묶었다. 페이스북과 마찬가지로 SNS로부터 시작했으나 많은 산업에 진출하여 큰 존재감을 보이고 있는 텐센트가 좋은 사례이다. 같은 업종에서 시작한 사업이 서로 다른 열매를 맺을 수 있었던 이유는 무엇일까. 사업 전개의 방향성이나 속도를 좌우하는 기업들의 저력에 천착할 만한 가치는 충분하다.

④ '산업·사회·기술·바람직한 기업의 미래'를 예측할 수 있다

8개사의 분석을 통해 주요 산업의 동향이나 가까운 미래의 모습을 예측할 수 있다.

전기, 전자, 통신, 전력, 에너지, 자동차, 엔터테인먼트 같은 주요 산업의 동향과 GAFA, BATH의 움직임은 동전의 앞뒷면 관계에 있다. 주요 산업의 곧 다가올 미래를 예측하는 데 이 책의 분석은 반드시 필요한 과정이다.

나아가, 사회 전체의 동향이나 가까운 미래의 모습을 읽어 낼 수 있다. 각 분야에서 사회적 문제에 직면하면서도 사업에서 새로운 가치를 만들어 온 8개사. '자유냐 통제냐' '소유냐 공유냐' '개방이냐 폐쇄냐' 등 사회의 방향성과 가치관을 미리 내다보는 차원에서도 이 분석은 중요하다.

물론, 기술의 동향이나 곧 다가올 미래의 모습을 읽어 낸다는 데 더 큰 의미가 있다. AI(인공지능), IoT(사물인터넷), 5G(5세대 통신), VR(가상현실)/

AR(증강현실) 등이 그것이다. 특히 AI라는 미래의 기술은 중요도가 높아 매우 주목받고 있다. 이미 보급 단계에 들어간 AI 음성 기능이나 AI를 응용한 자율주행 등에 주력하고 있는 8개사의 최근 동향은, 최첨단 기술 발전과 같은 행보를 보이고 있다.

또 한 가지 중요한 것은, 이 8개사의 분석을 통해 미래 기업의 모습을 앞서 읽어 낼 수 있다는 점이다. 대담한 비전과 고속 PDCA, 플랫포머가 독점하고 있는 빅데이터와 프라이버시 문제에 대한 의식의 고조 등 각 기업 전략이나 그들이 갖고 있는 과제에 대한 분석은 업종·규모를 불문하고, 모든 기업에 큰 시사점을 던져 줄 것이다.

⑤ '국내 경제와 기업의 미래'를 읽을 수 있다

마지막으로, GAFA, BATH의 분석을 토대로, 국내 경제와 기업의 활로를 모색하는 데 도움이 된다.

예를 들어, 미국의 첨단 기술 기업이 적용되고 있는 분야에서, 기술 표준화, 즉 국제적 규칙이 생성되는 과정을 관찰하면, 규칙이 처음부터 정해져 있던 것이 아니라는 사실을 알 수 있다. 먼저 미국의 플랫폼 기업 스스로가 사업을 통해 해결하고자 하는 사회적인 문제를 제기한다. 다음으로 그 문제에 대한 해결책을 자사의 상품·서비스를 통해 제시하기 위해 고민한다. 그리고 고객이나 사회를 대상으로 자신들의 새로운 사업이나 상품이 어떠한 문제를 해결해 주며 어떠한 가치를 새롭게 탄생시키는지 제시한다. 만약 기존 법률이나 규칙으로는 실현이 어렵다면, 스스로 필요한 규칙을 생각해 낸다. 먼저 업계 내에서 규칙화하여 자국 정부에

압력을 넣고 나아가 다른 국가에도 압력을 넣는 것이다. 현재 미국에서 벌어지는 자율주행 규칙 만들기(기술 표준화)의 흐름도 그 일종이다. 국내 기업은 이러한 방식을 미·중 메가테크 기업으로부터 배울 필요가 있다.

이상 5가지의 의미를 염두에 두면서,

- 미·중 메가테크 기업 8개사를 벤치마킹한다(분석하고 참고한다).
- 8개사와 직접 경쟁하는 기업은 대응책을 모색한다.
- 8개사의 분석을 토대로 자사의 전략을 갈고 닦는다.

이와 같이 3가지의 관점을 갖고 이 책을 일독하기를 기대한다.

전략이나 리더십의 '교과서'로

필자는 2017년 『아마존 미래전략 2022』, 2018년 『2022 누가 자동차 산업을 지배하는가?』를 출간했다. 전작에서는 국가나 사회에 큰 영향을 미치고 있는 아마존이라는 대형 기업의 전략을 놓고 필자의 전문 분야인 '전략 & 마케팅'과 '리더십 & 미션 매니지먼트'라는 시점에서 분석하고, 나아가 아마존을 통해 가까운 미래를 예측했다. 후작에서는 차세대 자동차 산업의 대결 구도를 분석했다. 주요 메이커들의 전략을 읽어 내면서, 관련된 첨단 기술을 해설하고 기업의 미래에 대해 살펴보았다. 두 저서 모두 각각의 테마에 관심 있는 인재들뿐만 아니라, 저서에 등장하는 기업과 경쟁해야 하는 기업가들, 나아가 전혀 다른 업종의 기업 경영자와 직원들에게 널리 읽혔다.

이 책도 폭넓은 업종, 폭넓은 직종의 인재들과 학생들을 대상으로 한다. GAFA, BATH를 소재로 한 '전략 & 마케팅'과 '리더십 & 미션 매니지먼트'의 교재로도 활용할 수 있도록 꾸몄다. 미·중 메가테크 기업 8개사의 분석은 기업 전략이나 리더십, 미션 매니지먼트의 교과서라 할 만하다. 이것이 집필의 중요한 목적 가운데 하나다.

서두에서 수차례 언급했듯이, 이제는 GAFA와 BATH 없이 미래를 말할 수 없다. 8개사를 동시에 살펴봄으로써 문제 의식을 가지고 사명감을 새로이 다질 수 있지 않을까 생각한다.

이 책이 독자 여러분의 지식과 비즈니스에 공헌할 뿐만 아니라, 국내 경제나 기업의 활로 모색에 조금이라도 도움이 되기를 간절히 바란다.

차례

제4장 구글 vs 바이두
검색 서비스에서 AI 사회 실현까지 사업 확장을 꾀하다

서장

'5요소 분석법'으로
메가테크를 분석하다

전체상 파악을 위한 최적의 접근법

'알면서도 모르는' 메가테크의 면모

　이 책의 목적은 메가테크 기업 8개사의 전략을 파악하고 적절한 기준을 통해 비교 분석하여 기업 전략이나 리더십, 미션 매니지먼트에 대한 힌트를 얻는 데 있다.

　메가테크 기업에 대한 전체 면모를 파악하고, 적절한 기준으로 비교, 검토한다는 것은 그리 쉬운 일이 아니다. 이 책에서 분석하고자 하는 8개사는 사업영역이 넓기 때문에 모든 것을 상세하게 이해하는 것이 어렵다. 새롭게 발표된 제품이나 서비스를 분석해도 '실제로 무엇으로 수익을 창출하고 있는가' '어떤 부분에 강점을 가지고 있는가' '향후의 주력 사업은 무엇인가'를 제대로 파악하기가 쉽지 않은 것이다. 8개사에 대해 이름을 들어 본 적이 있고 어떤 기업인지 대충 알고 있더라도, 전체상을 설명해 달라고 하면 말문이 막힐 것이다.

또한, 메가테크 각 사의 사업영역 중 일부에서는 매우 유사한 제품이나 서비스를 제공하는 것을 볼 수 있다. 예를 들어 AI 음성 보조 기능의 경우 아마존의 '알렉사Alexa', 구글의 '구글 어시스턴트Google Assistant', 애플의 '시리Siri', 바이두의 '듀어 OSDuerOS', 알리바바의 '알리 OSAliOS'와 같이 유사한 콘셉트의 서비스로 경쟁하고 있다. 이는 클라우드나 결제 서비스 분야에서도 마찬가지다. 이처럼 비슷비슷한 서비스를 제공하는 각 사의 차이나 현재 상황을 파악하기란 쉽지 않다.

최근 들어 메가테크 기업들 사이에서 빅데이터와 AI를 활용한 서비스의 첨단화에 주력하는 움직임이 더욱 두드러진다. 하지만 빅데이터와 AI를 활용하는 방향성에는 각 기업마다 차이가 있다. 각 기업의 동향에 대해 짐작하고 있는 사람도 '왜 차이가 발생하고 있는지' '각 기업의 방향성을 어떻게 읽어 내야 하는지' 등에 대해 물으면, 바로 답하기가 어려울 것이다.

기존 프레임워크로는
메가테크를 분석할 수 없다

통상적으로 기업 전략을 분석할 때는 다양한 프레임워크가 쓰인다. 여러분도 비즈니스 현장에서 프레임워크를 활용할 일이 많을 것이다. 예를 들면 'SWOT 분석'에서는, '외부 환경'과 '내부 환경'이라는 축을 두고 강점 Strength과 약점 Weakness, 기회 Opportunity와 위협 Threat에 대해 고찰한다. 기업을 둘러싼 거시적 환경을 정치 Political, 경제 Economic, 사회 Social, 기술 Technological의 4가지 기준으로 분석하는 'PEST 분석'을 이용하기도 한다. 마케팅에서는 고객 Customer, 경쟁자 Competitor, 자사 Company를 조사하는 '3C 분석'이 잘 알려져 있다.

그러나 국가에 필적할 만한 규모의 메가테크 기업을 파악하려고 할 경우, 기존 프레임워크 몇 가지를 활용하는 수준으로는 도저히 전체상을 파악할 수 없다. 그래서 필자는 국가급 수준의 기업을 망라하여 분석하는 것을 목적으로, 하나의 분석 방법을 고안해 냈다. 이것이 앞서 언급한 '5요소 분석법'이다.

『손자병법』을 응용한 '5요소 분석법'

5요소 분석법은 중국의 고전 전략론 『손자병법』을 바탕으로 한 것이다. '그런 고전적인 것이 첨단 메가테크 기업 분석에 도움이 될까'라고 의문을 가질 수도 있다. 하지만 『손자병법』은 지금도 군사 전략이나 기업 전략에 활용되고 있다. 비즈니스 업계에서는 소프트뱅크 CEO 손정의도 『손자병법』의 영향을 받았다고 알려져 있다.

손자는 "첫째로 도道, 둘째로 천天, 셋째로 지地, 넷째로 장將, 다섯째 법法"이라고 했다. 싸움이나 경쟁 구도에서 이 5항목이 전력의 우열을 판가

름하는 열쇠가 된다는 것이다. 이와 같은 손자의 사고방식은 현대 첨단 기업 경영 전략에도 그대로 응용할 수 있다. 이에 5요소 분석법에서는 '오사五事' 즉 '도', '천', '지', '장', '법'을 현대 경영학의 관점으로 변용하였다. 앞으로는 손자가 말한 '도', '천', '지', '장', '법'을 기업 경영의 각 요소로 치환하여 하나하나 분석해 나가고자 한다.

'도'란 '이 기업은 마땅히 어떠해야 하는가'에 대한 기초적인 구상을 의미한다. 이를 구체적인 현대 언어로 풀이하면 미션, 비전, 가치, 전략 등으로 풀이할 수 있다. 이 가운데 특히 중요한 것은 기업의 '미션'이다. 기업이 무엇을 미션으로 하고 있는지, 기업의 존재 의미가 어디에 있는지를 아는 것은 매우 중요하다. 기업의 변천사를 분석하거나 향후의 방향성을 예측할 때 빼놓을 수 없는 포인트는 이것이라고 할 수 있다. 또한 미션이 명확한지, 미션이 제품이나 서비스에 잘 녹아들어 있는지, 기업 경영진부터 말단 사원까지 모두가 미션의 성취를 항상 염두에 두고 있는지 등을 검증하면, 그 기업의 강점이나 약점을 모두 파악할 수 있다.

이어서 우수한 조직은 전략을 지탱하는 '천'과 '지'를 갖추고 있다.

'천'이란, 외부 환경을 바탕으로 한 '타이밍 전략'을 의미한다. 기업은 중장기적인 세상의 변화를 실전에 앞서 예측하고 계획적으로 큰 목표를 실현해 갈 수 있어야 한다. 이 부분에서는 '얼마나 시대에 발맞춰 빠르게 변화할 수 있는가'에 주목하고자 한다. 일반적인 경영 분석 프레임워크 중 SWOT나 PEST 분석 또한 외부 환경의 분석 툴로 활용할 수 있다.

'지'란, '지리'를 가리킨다. 손자는 전장이 본진으로부터 원거리에 있는지 근접한 곳에 있는지, 넓은지 좁은지, 산지인지 평지인지, 아군의 강점을 살릴 수 있는지 없는지 등 전장 환경에 맞춰서 싸움 방법을 선택해야 한다고 지적한다. 즉, 유리한 환경을 살리고, 불리한 환경을 보완하는 전략이다. 기업 분석에서도 업계 구조나 경쟁 우위성, 입지 전략 등의 '지리'를 파악하여, 그에 따라 어떻게 싸우고 있는지, 어떠한 사업영역에서 비즈니스를 전개하고 있는지에 주목한다. 일반적인 프레임워크 중에는 3C 분석 외에, 경영학자 마이클 포터Michael Porter가 제창한 업계 구조 분석법으로 '진입 장벽, 구매자의 힘, 공급자의 힘, 대체품의 힘, 경쟁'에 대해 파악하는 '5Forces 분석' 등이 이 부분을 분석하는 데 활용된다.

'장'과 '법'은 전략을 실행에 옮길 때 필요한 바퀴와 같다. 경영학 관점에서 설명하자면, '리더십'과 '매니지먼트'에 해당한다. 어느 쪽도 사람과 조직을 움직이는 수단인 점은 마찬가지다. 하지만, 리더십은 '사람 대 사람'의 커뮤니케이션으로 의욕을 고취시켜 사람이나 조직을 움직이는 것이다. 매니지먼트는 구조 즉, 시스템으로 사람이나 조직을 움직인다는 차이점이 있다. 리더십에 관해서는 기업 총수가 어떠한 리더십을 발휘하고 있는가, 조직에 필요한 리더십이 어떠한 것인가 하는 관점에서 볼 것이다. 매니지먼트에 대해서는, 사업구조, 수익구조, 비즈니스 모델 외에, 기업이 구축하고 있는 플랫폼이나 생태계 등을 확인할 것이다.

이처럼 도, 천, 지, 장, 법 5가지 요소로 분석하다 보면 기업을 거시·미시적으로 다양한 각도에서 살펴볼 수 있다. 메가테크 기업처럼 규모가 크고 사업영역이 넓은 경우에도 전체적인 모습과 세부 요소를 파악하기가 용이하다.

5요소 분석법으로 메가테크 기업을 상세히 분석한다면, 1개사만으로

도 참고 도서 한 권 분량은 족히 넘을 것이다. 실제로, 아마존을 대상으로 이 같은 분석법을 사용하여 『아마존 미래전략 2022』라는 책을 냈다.

한편, 이 책에서는 미국과 중국의 메가테크 8개 기업을 한꺼번에 분석할 것이다. 각 기업의 큰 틀을 파악하고 중요 포인트를 이해한 다음, 최신 정보와 함께 비교, 분석할 것이다. 이에 따라 '도'에서는 좀더 중요한 '미션'을, '천'에서는 '도를 실현하기 위한 타이밍 전략'을, '지'에서는 각 기업의 '사업영역'을, '장'에서는 '각 기업 총수의 리더십'을, '법'에 대해서는 '사업구조와 수익구조'를 주로 해설할 것이다. 5요소 분석법에 의한 상세한 분석 결과는 다음 쪽의 그림과 같은 포맷으로 하나씩 소개하고자 한다.

그럼, 지금부터 미·중 메가테크 8개사 분석에 들어가 보자.

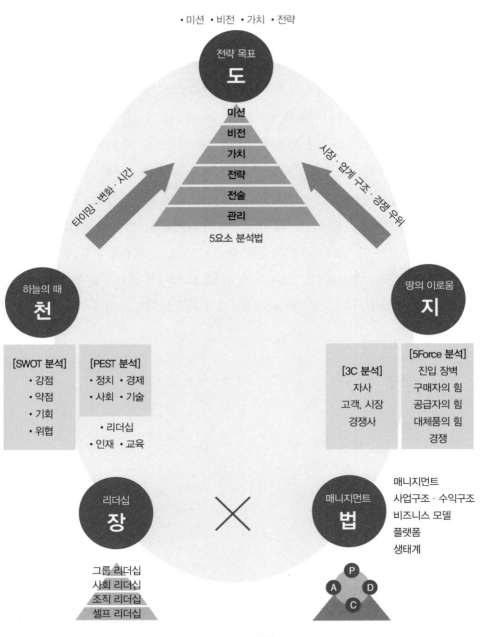

•미션 •비전 •가치 •전략

전략 목표
도

미션
비전
가치
전략
전술
관리

타이밍 · 변화 · 시간

시장 · 업계 구조 · 경쟁 우위

5요소 분석법

하늘의 때
천

땅의 이로움
지

[SWOT 분석]
• 강점
• 약점
• 기회
• 위협

[PEST 분석]
• 정치 • 경제
• 사회 • 기술

• 리더십
• 인재 • 교육

[3C 분석]
자사
고객, 시장
경쟁사

[5Force 분석]
진입 장벽
구매자의 힘
공급자의 힘
대체품의 힘
경쟁

리더십
장

매니지먼트
법

매니지먼트
사업구조 · 수익구조
비즈니스 모델
플랫폼
생태계

그룹 리더십
사회 리더십
조직 리더십
셀프 리더십

P
A   D
C

그림 5요소 분석법

제1장

아마존 vs 알리바바

아마존 경제권과
알리바바 경제권의 대결

아마존의 영향력은 크고 넓다. '아마존 공포 종목 지수Death by Amazon'라는 말에서 여실히 나타나듯이 모든 산업이나 기업의 고객과 이익을 빼앗아 먹어 치우는 존재가 되고 있다. 중국의 인터넷 기업 알리바바 그룹阿里巴巴集团은 거인 아마존에 대항하며, 일부 사업영역에서는 아마존을 능가하고 있다. 세계적으로 인터넷 경제권을 보면, 아마존 권역과 알리바바 권역의 충돌이라는 도식이 그려진다.

아마존도 알리바바도, 이미 단순한 전자상거래 기업이 아니다. 생활 전반에 걸쳐 거대 플랫폼을 구축하고 있다. 일반적인 국내 대기업으로는 상대할 수 없는 거인이다.

아마존은 북미와 유럽, 일본을 점령하고 있으며 아시아에서의 승리 여부에 미래를 걸고 있다. 이에 대항하는 알리바바는 중국에서의 압도적인 지위를 바탕으로 아시아를 석권한 데 이어 일본과 유럽을 공략하고 있다. 이것의 성패 여부가 아마존에 대한 승패를 결정짓는 핵심이라 할 수 있다.

이 장에서는, 우선 아마존과 알리바바의 사업구조와 현황을 해설한다. 이후, 5요소 분석법을 토대로 두 회사의 전략을 분석, 미래를 전망해 볼 것이다.

아마존의 사업 현황

전자상거래에서 '에브리싱 컴퍼니'로

"아마존의 업종은?"이라는 질문에 대한 정답은 무엇일까?

의류나 신선식품까지 폭넓은 품목을 다루는 아마존에 대해서는 전자상거래 기업이라는 이미지를 떠올리는 사람이 많을 것이다.

그러나 여러분도 알겠지만, 아마존은 현재 단순한 리테일 기업이 아니다. 온라인 서점에서 출발한 아마존은 가전이나 의류, 신선식품 등으로 취급 품목을 다양화했다. 지금은 전자책이나 동영상 배포 등의 디지털 콘텐츠까지 다루는 '에브리싱 스토어'가 되었다. 그리고 물류나 클라우드 컴퓨팅, 금융 서비스 등으로 사업영역을 확대하여 '에브리싱 컴퍼니'로 변모하고 있다.

최근 주목받는 서비스로 알 수 있는 것

'에브리싱 컴퍼니'라는 분야를 조금 더 구체적으로 살펴보자.

아마존은 나날이 새로운 서비스를 발표하고 있다. 이들을 하나씩 쫓아가는 것도 재미있겠지만, 아마존이라는 기업의 전모를 파악하기 위해서는 최근 주목받는 서비스를 파악하는 편이 더 낫다.

그래서 우선 아마존의 서비스에 대해 알아야 하는 부분을 골라내 구체적으로 소개할 것이다(그림 1-1). 이를 분석하면 아마존이 어떤 기업인지 보이기 시작할 것이다.

클라우드 서비스 '아마존 웹 서비스'

현재 아마존 매출액의 약 10%를 차지하는 것이 아마존 웹 서비스

상품 · 서비스 · 콘텐츠	의류 · 패션 · 신선 식료품 · 프라임비디오 · '스킬' 서적 · 잡화 · 가전 · 기타 · 디지털 송신 · 엔터테인먼트 · 홀푸드			
	프라임 회원 서비스			
플랫폼	EC사이트	킨들	아마존 에코	아마존 마켓 플레이스
생태계	아마존 알렉사		아마존 고	
금융	신용카드	아마존 렌딩	아마존 페이	핀테크
물류	FBA		드론	
클라우드 컴퓨팅	AWS		AI	

그림 1-1 아마존의 사업구조: 비즈니스 모델의 다층 구조

Amazon Web Service: AWS라는 이름으로 알려진 클라우드 컴퓨팅 서비스이다.

AWS란 아마존이 자사를 위해 구축한 IT 인프라를 바탕으로 만든 것이다. 아마존은 자사의 IT 노하우를 활용하여 AWS라는 웹서비스를 탄생시켜, 2006년부터 여타 기업들이 폭넓게 사용하도록 공개했다.

AWS를 이용하는 기업은 스스로 시스템 구축을 위한 서버를 준비하거나 유지 보수할 필요가 없어졌다. 보안 대책으로 골머리를 앓을 필요도 없다. 사용하고 싶은 서비스만을 필요한 기간에만 사용할 수 있으므로 시스템에 드는 비용을 줄이는 것도 가능하다.

AWS의 장점은 여기에 그치지 않는다. 아마존의 서비스 기본 방침은 '필요한 것을 모두 손에 넣을 수 있다'이다. AWS 또한 이런 인식을 바탕으로 운영하고 있는 것이다. 애초 클라우드 컴퓨팅의 이미지가 강했던 AWS이지만, 컴퓨팅이나 스토리지(저장 공간), 네트워킹, 데이터베이스와 같은 부분뿐만 아니라 최근에는 데이터 분석, IoT(사물 인터넷), AI 등 기업이 필요로 하는 다양한 IT 서비스를 제공하고 있다. 방대한 데이터를 분석하여 새로운 지식을 얻는 것은 물론이다. 그 지식을 토대로 AI가 '사고'하도록 하는 것도 가능하다. 이 때문에, 아마존은 '빅데이터×AI'란 플랫폼을 세계에 제공하는 기업이 되었다고 할 수 있다.

아마존 웹사이트에 의하면, AWS는 전 세계에 21곳의 지리적으로 독립된 지역 '리전Region'과 61개의 독립된 데이터센터인 '이용 영역Availability zone'으로 운영된다. 최근 4개의 리전과 12개의 이용 영역을 추가하겠다고 발표했다. 2019년 3월 기준으로, 도쿄 리전에는 4개의 이용 영역, 싱가폴 리전에는 3개의 이용 영역이 있다. 이들을 통해 볼때, AWS가 얼마나 광범위하게 제공되고 있는지 알 수 있다.

아마존 일본 웹사이트에서 AWS 사례로 소개하는 것 중에는, 미츠비시 UFJ은행이나 ANA, DeNA와 같은 쟁쟁한 기업 또는 금융사 이름이 즐비하게 들어 있다.

B2C(기업 대 개인) 플랫폼 '아마존 마켓 플레이스'

아마존은 소매업도 하지만 '아마존 마켓 플레이스'라는 판매 플랫폼 서비스도 제공하고 있다. 어떤 판매자든지 상품을 아마존 사이트에 올려 판매할 수 있는 구조이다. 나아가 아마존은 판매자 대상으로 FBA Fulfillment By Amazon라는 물류 서비스도 제공한다. 판매자는 재고의 보관부터 수주 처리, 발주 업무까지 아마존이 대행해 주는 서비스를 받을 수 있다. '당일 배송'이나 '아마존 프라임 Amazon Prime' 등 아마존의 배송 서비스를 이용할 수도 있다.

덧붙여 말하면, 아마존은 사용자에게 상품을 신속하게 전달하기 위해, 물류 시스템의 구축에 온힘을 쏟아 왔다. 아마존은 스스로 많은 물류 센터를 설치하여, 기존의 택배 사업자를 이용할 뿐만 아니라, 배송의 일부를 직접 처리하고 있다. 신선식품을 즉시 배달하는 '아마존 프레시 Amazon Fresh'나, 빠른 경우 1시간 안에 배달하는 '프라임 나우 Prime Now'와 같은 서비스가 가능해진 것은 이러한 노력 덕분이다.

미국에서는 아마존에서 구입한 것을 받기 위한 '아마존 로커'의 설치도 추진하고 있다.

전자상거래의 경우 고객이 집에 없으면 배달 상품이 원활하게 수취되지 않는다는 문제가 있다. 이런 '라스트 원 마일Last one mile' 문제를 해결하기 위한 하나의 방책으로, 아마존 로커가 보급되고 있다. 아마존에서는 드론을 사용한 상품의 배달도 미래 유망 사업에 포함시켜 관련 기술 개발을 진행하고 있다. 이후에도 보다 신속한 배달을 실현하기 위하여 계속해서 최신 기술을 적용한 새로운 서비스를 전개해 나갈 것으로 보인다.

무인 계산대 '아마존 고'

아마존은 2018년 1월 미국 시애틀에 무인 계산대 편의점 아마존 고 Amazon Go 1호점을 개점했다. 아마존 고에서의 쇼핑은 간편하다. 고객은 스마트폰에 아마존 앱을 설치하여 필요한 절차를 미리 해 놓은 뒤, 편의점에 들어가 상품을 들고 밖으로 나오기만 하면 된다. 상품 대금은 아마존 계정으로 청구되기 때문에, 대금 지급을 위해 계산대 앞에 줄 설 필요가 없다.

아마존은 다양한 형태로, 전자상거래뿐만 아니라 오프라인 매장에도 신속히 진출하고 있다. 아마존 고는 그중 한 유형이다. 아마존 고에서의 쇼핑 경험은 기존의 오프라인 점포에서와는 전혀 다르다. AI 또는 센서와 같은 첨단 기술의 활용으로 이 같은 고객 편의적인 점포를 실현시킨 것이다. 이를 통해 아마존은 고객에게 새로운 체험을 제공할 뿐만 아니라, 오프라인 매장 내에서의 구매 행동에 관한 데이터도 얻을 수 있다.

신선식품 마켓 '홀푸드마켓'

아마존은 2017년 8월 고급 신선식품 체인점을 인수했는데 이것이 홀푸드마켓Whole Foods Market이다.

2017년 9월 시점에 홀푸드는 미국 448개 점포, 캐나다 13개 점포, 영국 9개 점포를 보유했다. 특히 미국에서는 고급 마켓으로 잘 알려져 있다.

아마존은 왜 전자상거래와 반대편에 있는 슈퍼마켓을 매입했을까? 그 목적은 '온·오프라인의 융합', 그리고 '라스트 원 마일', 즉 고객에게 상품을 최종 전달하는 거점으로 활용하는 데 있다.

홀푸드에서는 아마존 프라임 회원이 35달러 이상 구매했을 경우 2시간 이내 무료 배달 서비스를 제공한다. 또는 원산지 식품 등 홀푸드만의 신선식품을 아마존 프레시에서도 구입할 수 있다. 홀푸드의 점포 내에는 아마존 로커가 설치되어 있어, 쇼핑만이 아니라 아마존 사이트에서 구입한 상품을 받는 수령처로도 쓰인다. 브랜드 파워가 있는 기존의 오프라인 매장 체인을 인수함으로써, 아마존 이용자에게 보다 편리하고 새로운 쇼핑 체험을 제공할 수 있게 되었다.

아마존을 자주 이용하는 프라임 회원에게는 홀푸드의 편리성이나 이득을 보는 느낌이 들도록 한다. 아마존 프라임 회원의 만족도를 높이고 프라임 회원을 확대시키고자 한 것이다.

여기에 덧붙여 필자의 경험을 소개한다. 필자가 한번은 시애틀에서 아마존 점포를 체험하고 놀랐던 적이 있었다. 그 자리에서 만들어 시판하고 있는 음식의 맛 때문이었다. 평범한 레스토랑을 능가하는 피자의 종류와 맛에 종종 과식했던 것을 지금도 기억하고 있다.

음성 인식 AI 보조 기능 '아마존 알렉사'

아마존은 음성 인식 AI 보조 기능 '아마존 알렉사'를 개발·제공하고 있다. 알렉사를 탑재한 스피커 '아마존 에코Amazon Echo'를 공급 판매하고 있을 뿐만 아니라, 서드 파티third party(소프트웨어나 주변 기기를 개발·공급하는 외부 전문 기업—옮긴이)의 제조사가 알렉사 탑재 제품을 제조할 수 있도록, 개발 툴을 제공하고 있다. 이는 주목해야 할 포인트이다. 알렉사 탑재 기기의 수는 2019년 1월 시점에 2만 종을 넘고 있다. 자동차나 보안 제품의 탑재도 추진 중이다.

향후 알렉사는 다양한 제품이나 서비스, 콘텐츠를 외부로부터 도입하여, 하나의 생태계를 만들어 갈 것이다. 이미 스마트홈 영역에서 자율주행 자동차 '스마트카'의 영역까지 '알렉사 경제권'이라고 할 수 있는 산업 구조가 형성되고 있다. 아마존과 상품·서비스·콘텐츠를 제공하는 다양한 기업 간에 강력한 협조 관계, 상호 의존 관계가 구축되어 상승적, 자율적, 연쇄적으로 확대되어 가지 않을까 생각된다.

음성 인식 AI 보조 기능 제품으로는 구글이 개발하는 '구글 어시스턴트'나 바이두가 개발하는 '듀어 OS' 등도 있으나, 필자는 알렉사가 더 앞서 있다고 생각한다. 이는 아마존이 AI 보조 기능을 중핵으로 하는 상품·서비스·콘텐츠를 일관되게 제공하고 있다는 점, 그리고 고객의 경험 가치가 더 우수하다는 점 때문이다.

결제 서비스 '아마존 페이'

아마존은 금융 서비스에도 진출했다. 예를 들면, 아마존 계정에 등록된 신용카드 정보와 주소 정보를 활용하여, 아마존 이외의 사이트에서 결제할 수 있는 서비스를 제공하고 있다. 아마존 페이가 이것이다. 아마존 페이와 연계된 사이트에서 고객은 자신의 주소나 신용카드 정보를 입력할 필요 없이 간단하게 구매 절차를 마칠 수 있다.

법인 판매자나 사업자 대상으로는 일종의 융자 서비스인 아마존 렌딩을 제공하고 있기도 하다. 인터넷 마켓 플레이스에 판매하고 있는 법인에게는, 그 판매 실적을 기준으로 심사하여 필요한 유동 자금을 대출해 주는 것이다. 즉 아마존은 은행처럼 대출 상품도 취급하는 것이다.

아마존 기프트카드도 보기에 따라서는 예금처럼 보인다. 이는 잔액을 충전해 포인트를 쌓아 놓으면 아마존에서 쇼핑할 때 이용할 수 있다. 현금을 충전해 잔액을 남겨 놓으면 포인트가 쌓인다. 1회 충전금액이 100달러 이상이면 일반 회원 기준으로 5달러 상당의 포인트가 적립된다. 마치 예금 금리가 붙는 것과 같다.

"당신이 할 일은 지금까지 해 온 사업을 망치는 것이다."

이렇게 사례를 들다 보면 끝이 없다. 엄청난 확장 추세를 보이는 아마존의 사업 전개에 대해서는 이 정도로 끝내고자 한다. 최근 일부 움직임을 쫓는 것만으로도, 아마존이 얼마나 혁신적인 기업인지 느낄 수 있지 않을까 생각한다. 아마존의 혁신에 대한 동기나 열정은 창업자인 제프 베조스Jeffrey Bezos가 다양한 측면에서 연달아 강조해 온 데서 기인한다. 아마존이 최고의 경쟁력을 갖게 된 이유 중 하나가 이것임은 두말할 나위 없다.

많은 기업은 혁신을 추구하면서도 실제로는 실행에 옮기지 못하고 있다. 계속해서 새로운 혁신을 해내지도 못한다. 이는 '혁신의 딜레마' 때문이다. 혁신의 딜레마란, 하버드 경영대학원의 클레이튼 크리스텐슨Clayton M. Christensen 교수가 고안한 개념이다.

파괴적인 혁신을 통해 새로운 비즈니스를 시작한 회사가 성장한 다음 창조적 혁신을 일으키려고 하면 통상적으로 카니발리제이션cannibalization(신·구 서비스 간의 경합, 자기 시장 잠식—옮긴이)이 발생한다. 이 때문에 파괴적인 혁신을 꺼리며 단계적인 혁신에 머무르는 전략을 사용하게 된다. 이럴 경우 이 기업은 다른 파괴적인 혁신을 일으키는 경쟁사에 의해 밀리고 만다.

베조스가 이 '혁신의 딜레마'를 항상 염두에 두고 있다는 사실은 미국에 널리 알려져 있다. 아마존은 이미 거대 기업이 되었지만, 그럼에도 계속 파괴적인 혁신을 스스로 일으키는 기업이 되려고 한다. 베조스는 이것이 성공으로 가는 길임을 절감하고 있는 것이다.

아마존에서 계속 파괴적인 또는 창조적인 혁신이 가능한 것은 최고경영자 베조스의 노력 때문이다. 기존 사업과의 카니발리제이션에 주저하지 않는다는 것이 아마존의 장수 비결 중 하나일 것이다.

예를 들면, 킨들이 좋은 사례이다. 아마존은 종이책의 인터넷 판매로 출발한 회사이다. 전자책 판매는 아마존의 종이책 판매라는 종래 방식과 카니발리제이션을 일으킬 가능성이 있었다. 그러나 베조스는 지금까지 서적 판매 부문을 책임지고 있던 간부를 디지털 분야로 이동시킨 다음, 이렇게 통보했다. "당신이 할 일은 지금까지 해 온 사업을 망치는 일이다. 물리적인 책(종이책)을 파는 사람들에게서 일자리를 전부 빼앗을 각오로 몰두해 줬으면 한다."(『아마존, 세상의 모든 것을 팝니다』, 브래드 스톤 지음)

플랫폼 구축으로 독점 상태를 만들어 내다

혁신을 일으킨다는 관점에서는, 아마존이 이른 시기에 개방적 혁신의 사고방식을 도입하여 플랫폼 구축에 성공했다는 것 또한 주목하고 싶다. 개방적 혁신이라는 말은 다양한 측면에서 사용된다. 그것이 의미하는 바는 한 가지가 아니지만, 여기서는 '한 기업이 자신의 기술을 폐쇄적으로 독점하지 않고 오픈하여 외부에서 활용토록 함으로써 이제껏 없었던 제품이나 서비스를 새롭게 탄생시킨다'는 뜻으로 사용하였다.

아마존은 이와 같은 개방적 혁신의 마인드에 준거하여, 자사의 시스템을 개방하여 AWS라는 새로운 서비스를 탄생시켰다. 그리고 AWS를 통해 강력한 플랫폼 비즈니스를 진행하고 있다.

이 '플랫폼'이라는 개념은 이 책에서 언급하는 기업을 이해하는 데 매우 중요한 포인트이다. 아는 사람도 많겠지만 여기서 복습해 보자.

플랫폼 비즈니스의 전형적인 예시로 이해하기 쉬운 것은 마이크로소프트의 윈도우 OS이다. 윈도우 OS가 등장함에 따라 컴퓨터 제조사는 윈도우 OS를 탑재한 컴퓨터를 판매하고, 소프트웨어 회사는 윈도우 OS로 작동하는 프로그램을 판매하는 것이 당연해졌다. 그러자 윈도우 OS를 사용하는 이용자가 늘어났고 이용자가 늘어나자 더욱 다양한 컴퓨터나 프로그램이 공급되어, 윈도우의 편리성이 향상될수록 더욱 이용자가 증가한다는 선순환 구조가 생성되었다.

이처럼, 이용자가 늘어날수록 그 주변에서 상품이나 서비스를 제공하는 기업들이 늘어나고 나아가 편리성이 증가하는 것을 경영학에서는 "네트워크 외부성이 작용한다."라고 설명한다.

플랫폼 비즈니스는 WTA^Winner Takes All(승자 독식)의 상황을 만들기 쉽다는 특징이 있다. 한번 플랫폼을 장악하면 그 영향력은 점점 늘어나기 쉬우며, 시장이 독점 상태나 과점 상태로 변화한다. 그렇기 때문에 각 기업은 플랫폼 비즈니스를 전개하려고 각축을 벌이고 있는 것이다.

─ 02 ─

아마존의 5요소

도·천·지·장·법에 따른 전략 분석

이제 아마존의 사업 현황을 파악한 시점에서 아마존의 도·천·지·장·법을 살펴보자. 그림 1-2를 보자.

아마존의 '도'

앞에서 말했지만 '도'란 미션, 비전, 가치를 말한다. 미션은 존재 의미나 사명이다. 비전은 회사의 미래 모습이고, 가치는 미션을 실행에 옮길 때의 행동 기준이나 가치관 등을 의미한다. 기업은 '무엇을 소중히 하고 있는지', 즉 도에 따라, 어떠한 사업영역에서 비즈니스를 전개해 나갈지 결정한다.

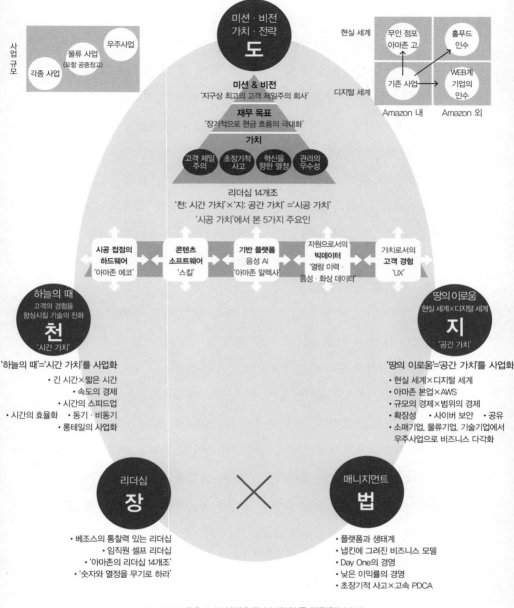

사업 규모

우주사업

물류 사업 (포함 공중창고)

각종 사업

미션 · 비전
가치 · 전략

도

현실 세계

무인 점포
아마존 고

홀푸드
인수

디지털 세계

기존 사업

WEB계
기업의
인수

Amazon 내   Amazon 외

미션 & 비전
'지구상 최고의 고객 제일주의 회사'

재무 목표
'장기적으로 현금 흐름의 극대화'

가치

| 고객 제일주의 | 초장기적 사고 | 혁신을 향한 열정 | 관리의 우수성 |

리더십 14개조
'천: 시간 가치'×'지: 공간 가치' ='시공 가치'
'시공 가치'에서 본 5가지 주요인

| 시공 접점의 하드웨어 '아마존 에코' | 콘텐츠 소프트웨어 '스킬' | 기반 플랫폼 음성 AI '아마존 알렉사' | 자원으로서의 빅데이터 '열람 이력 · 음성 · 화상 데이터' | 가치로서의 고객 경험 'UX' |

하늘의 때
고객의 경험을
향상시킬 기술의 진화

천
'시간 가치'

'하늘의 때'='시간 가치'를 사업화
• 긴 시간×짧은 시간
• 속도의 경제
• 시간의 스피드업
• 시간의 효율화 • 동기 · 비동기
• 롱테일의 사업화

땅의 이로움
현실 세계×디지털 세계

지
'공간 가치'

'땅의 이로움'='공간 가치'를 사업화
• 현실 세계×디지털 세계
• 아마존 본업×AWS
• 규모의 경제×범위의 경제
• 확장성 • 사이버 보안 • 공유
• 소매기업, 물류기업, 기술기업에서
  우주사업으로 비즈니스 다각화

리더십
장

×

매니지먼트
법

• 베조스의 통찰력 있는 리더십
• 임직원 셀프 리더십
• '아마존의 리더십 14개조'
• '숫자와 열정을 무기로 하라'

• 플랫폼과 생태계
• 냅킨에 그려진 비즈니스 모델
• Day One의 경영
• 낮은 이익률의 경영
• 초장기적 사고×고속 PDCA

그림 1-2 5요소 분석법으로 본 '아마존 대전략' 분석

먼저 답을 제시하면, 아마존은 '지구상 최고의 고객 제일주의 회사'라는 미션과 비전을 내걸고 있다. 이것과 함께 표리일체로서 '고객 경험 customer experience의 향상'을 사업 운영의 핵심으로 삼고 있다.

미션이 사명이고, 비전이 회사가 목표로 하는 미래 모습이라면, 가치는 이를 위한 행동 기준 또는 회사가 소중히 하고 있는 가치관이다. 아마존에서는 '고객 제일주의' '초장기적 사고' '혁신을 향한 열정' 등을 들고 있다.

자세한 것은 후술하겠으나, 아마존의 미션과 비전인 '고객 제일주의'는 아마존을 이해하는 데 있어 가장 중요한 키워드이다. 단, 여기서 말하는 '고객'은 아마존에서 책을 구입하는 일반적인 '소비자'에 한정되지 않는다는 점에 유의할 필요가 있다.

아마존에서는 매년 내는 연례 보고서를 통해 '고객'을 명확히 정의하고 있다. 2017년 연례 보고서는 소비자, 판매자, 개발자, 기업·조직, 콘텐츠 크리에이터 등 5개 분야를 고객으로 적시하고 있다.

'소비자'란 아마존의 본업인 B2C 서비스(아마존에서 상품을 구입하는 전통적 고객)의 고객을 말하며, 그 이외 4개 분야(판매자, 개발자, 기업·조직, 콘텐츠 크리에이터)는 모두 B2B(기업 대 기업) 서비스의 고객이다. 판매자란 아마존에 납품하는 숍 shop을, 개발자는 AWS의 고객을, 콘텐츠 크리에이터는 아마존 프라임·비디오 등의 동영상 제작에 참여하는 크리에이터를 주로 가리킨다.

아마존의 '천'

아마존의 '천'은 '도'와 관련이 깊다. 고객 제일주의를 주장하는 아마존은 고객의 경험을 향상시킬 기술의 진화를 비즈니스의 호기라고 인식하고, 모두 비즈니스로 연결하고 있다.

예컨대 최근 눈부신 기술 진화를 보이고 있는 AI는 아마존 서비스의 다양한 분야에서 활용되고 있다. 음성 AI 보조 기능 콘텐츠인 '아마존 알렉사'를 탑재한 스피커 '아마존 에코'의 경우 단순히 말을 하는 것만으로 집에 있는 가전을 조작하거나 쇼핑할 수 있게 해 준다.

아마존의 '지'

아마존의 '지'를 한마디로 말하면, '에브리싱 스토어'로부터 '에브리싱 컴퍼니'로 사업영역을 확대한 것이다.

지금까지 소개해 왔듯이 아마존은 전자상거래로 사업을 시작하였지만, 이제는 아마존 고나 홀푸드와 같은 오프라인 매장에도 활발히 손을 뻗치고 있다. 말 그대로 '현실 세계×사이버 세계'를 실현하고 있는 것이다. 또한, 애초 전자상거래 시스템을 응용, 확장한 'AWS'는 B2B의 고수익 비즈니스 모델로 성장했고, 이를 토대로 아마존은 혁신을 일으키며 적극적인 투자를 지속하고 있다. 창업 당초에는 소매 기업이라는 이미지를 지녔던 아마존은 이제 물류 기업이자 첨단 기술 기업이기도 하다. 향후 우주 개발에도 적극 진출할 계획을 갖고 있다. 새로운 사업영역으로의 전개 속도는 점점 빨라지고 있다.

아마존의 '장'

아마존의 '장'에서 가장 중요한 것은 창업자 제프 베조스의 비전 리더

사진 1-1 아마존의 창업자 제프 베조스
(출처: 아마존닷컴 사이트)

십visionary leadership이다. 그는 비전의 창조와 실현을 제1요건으로 여긴다. 사람의 마음을 설레게 하고 참가하고 싶은 미래상을 회원에게 제시하는 것이 베조스의 방식이다. 베조스는 이를 통해 직원의 마음을 얻어, 비전 실현을 향해 움직이도록 유도한다. 베조스의 '지구상 최고의 고객 제일주의 회사'라는 비전에 대한 고집은 남다르다.

앞에서 봤듯이 아마존은 '고객'이라는 개념을 명확하게 정의하고 있다. 그 때문에 한편으로 고객으로 정의되지 않은 기업이나 사람들은 소중하게 대하지 않는 것으로 비쳐질 수 있다.

최근 '아마존 효과'라는 말을 들어 본 적 있을 것이다. 아마존은 '에브리싱 컴퍼니'로 사업영역을 확대하면서 다양한 기업에 적잖게 영향을 미치고 있다. 완구 판매사 '토이저러스'나 스포츠 용품 전문점 '스포츠 어서리티'의 파산, 백화점 메이시스와 JC페니의 대규모 점포 폐쇄, 쇼핑 센터의 공실률 상승 등은 아마존 효과의 구체적인 사례라고 할 수 있다.

미국의 투자 정보 회사 베스포크 인베스트먼트 그룹Bespoke Investment Group은 2012년 2월 '아마존 공포 종목 지수'라는 것을 신설했다. 사업 수익의 대부분을 오프라인 매장에 의존하고 있으며, 아마존의 영향을 받는 상장 기업의 지수이다. 아마존 공포 종목 지수는 S&P 1500 주가 지수 혹은 S&P 소매 지수 63사로 구성된다. 이들 기업은 아마존이 사업영역을 확대하여 성장하면 할수록, 실적이 악화될 것으로 예상되는 기업이다. 2017년 6월 아마존의 홀푸드 인수에 이어 '아마존 공포 종목 지수'는 설정 이래 최대의 하락폭을 기록했다(『데스 바이 아마존』, 시로타 마코토城田眞琴 지음).

아마존의 공격적인 경영 방식을 보자면 베조스에게는 사회 전체의 이익을 고려하는 폭넓은 시야가 부족한 것 같다. 베조스가 주로 목표로 하는 것을 보면, 아마존은 고객에게는 정의로운 기업이지만, 그 외 기업이나 사람들에게는 '죽음에 이르는' 길이다. 이런 사실에 좀 더 주목할 필요가 있다.

아마존의 '법'

아마존의 '법', 즉 비즈니스 모델과 수익구조는, '플랫폼과 생태계 구축'이라는 말로 설명할 수 있다.

아마존의 비즈니스 모델은, '아마존 본업×AWS'를 기반으로 전자상거래 사이트나 아마존 에코 등을 통해 각종 플랫폼을 구축하는 것이다.

수익구조를 보면, 일반적으로 소매 기업이라는 이미지가 강한 아마존만의 특별함을 볼 수 있다. 아마존의 영업이익률(영업이익을 매출액으로 나눈 것)은 2~3%에 지나지 않는다. 영업이익률은 본업의 수익률이 얼마나 효과적인지를 나타내는 수치이다. 일반적으로 상장 전자상거래 기업은 영업이익률이 10% 이상인 것이 기본이다. 참고로 조조타운을 운영하는

ZOZO의 영업이익률은 30%를 넘는다. 이로 미뤄 볼 때 아마존의 영업 이익률은 지극히 낮다.

그러나 AWS 사업을 보면 수익 양상이 크게 바뀐다. 최근 AWS 사업은 매출액이 크게 늘어나고 있다. 2016년에는 전년 대비 플러스 55%, 2017년에는 플러스 42.9%를 기록했다. 아마존 전체 매출액의 약 10%를 차지할 정도까지 성장하고 있다. AWS 사업의 2017년 영업이익률은 24.8%로 급성장을 계속하여 주력 사업으로 키우고 있는 AWS가 매우 효율적으로 수익을 올리고 있음을 알 수 있다.

특히 아마존은 단기 이익을 목표로 하지 않는다. 장기적인 현금 흐름을 중시하여, 사업 확대나 저가 정책으로 장래의 기업 가치를 극대화하는 것을 목표로 하고 있다. 이같은 '이익보다도 성장을 추구하는' 전략은 투자가로부터도 호평을 받고 있다. 아마존의 높은 주가의 근거가 되고 있는 것이다.

지금까지, 아마존이 어떠한 사업을 하고 있는 기업인지, 그리고 아마존의 5요소를 살펴보았다. 전체 이미지를 파악한 상황에서 이제부터 개별 사안을 정리해 보고자 한다.

— 03 —

아마존의 진화를 읽는
3가지 열쇠

① 고객 제일주의, ② 고도화하는 니즈 대응,
③ 대담한 비전×고속 PDCA

필자는 대학 교수로 경영 컨설턴트로 항상 세계 최첨단 기업을 살펴보고 꼼꼼히 분석해 왔다.

그중에서도 아마존에 대해서는 오랫동안 베조스의 동영상이나 발언을 추적해 왔으며, 사이트상의 보도자료도 꼬박꼬박 체크해 왔다. 이러한 기존 조사를 바탕으로 창업자 베조스와 아마존 '진화의 열쇠' 3가지를 꼽아 보았다.

첫 번째는 '지구상 최고의 고객 제일주의 회사'라는 아마존의 미션·비전과 아마존의 고객 경험에 대한 신념이다. 이 두 가지는 동전의 양면과 같다. 두 번째는 고도화하는 소비자의 니즈에 대한 철저한 대응이고, 세 번째는 '대담한 비전×고속 PDCA'이다.

이를 순서대로 설명하자면 다음과 같다.

열쇠 ① 고객 제일주의

'지구상 최고의 고객 제일주의 회사'라는 아마존의 미션·비전을 이해하기 위해서는, 베조스가 아마존을 창업할 때, 종이 냅킨에 그렸던 비즈니스 모델 구상도를 살펴볼 필요가 있다. 그림 1-3을 참고해 보자.

이 그림에서는 '품목SELECTION'을 늘려 고객의 선택지가 늘어나면 고객 만족도가 상승한다. 이어 '고객의 경험 가치CUSTOMER EXPERIENCE'도 높아진다. 그리고 고객의 경험 가치가 높아지면 '교통량TRAFFIC'이 증

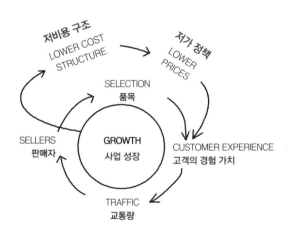

그림 1-3 베조스가 그린 비즈니스 모델
(출처: 아마존 재팬 사이트)

가하여 아마존 사이트에 사람이 모인다. 그러면 '판매자'가 아마존 사이트에서 물건을 팔고 싶다고 생각하여 증가한다. 그에 의해 '품목'이 늘어나고 '고객의 경험 가치'가 올라간다는 선순환 사이클이 그려져 있다.

그러나 이 사이클만으로는 '사업 성장GROWTH'이 이뤄지지 않는다. 여기에 '저비용 구조LOW COST STRUCTURE'와 '저가 정책LOW PRICE'이 필요하다는 것이 베조스의 생각이다. '고객의 경험 가치' 전 단계에, '저가 정책'과 '품목'이 그려져 있다. 그림에는 '고객은 우선 싸고 다양한 상품의 구비를 요구한다'라는 베조스의 인식이 드러나 있다. 그리고 '저가 정책'의 전 단계에 '저비용 구조'가 그려져 있다. 이는 저비용 구조를 구축해야 저가의 상품을 계속 제공할 수 있다는 의미이다. 이 그림은 매우 완성도가 높으며 아마존이 목표로 하는 사업 구상이 잘 드러나 있다.

아마존은 인터넷 서적 판매로 사업을 시작했다. 창업 전에 그려진 이 그림에는 '품목'의 전 단계에 '판매자'가 들어가 있다. 즉, 베조스는 처음부터 직접 판매에 그치지 않고 판매자를 늘려 다양한 품목을 충실하게 구비하려는 구상을 가지고 있었음을 알 수 있다.

또한 그림에 쓰인 '트래픽'도, 아마존 사이트에 접속하는 소비자만을 나타낸 것이 아니었을 것이다. 현재 아마존의 '트래픽'은, 아마존에서 쇼핑하는 소비자 외에 출품하는 판매자나 AWS를 이용하는 기업, 알렉사를 이용하는 개발자 등을 포함한 '아마존이라는 생태계 전체를 둘러싼 교통량'을 가리킨다. 트래픽의 증가는 단순히 이용자 수의 증가만을 가리키지 않고, 아마존 생태계의 다양성 증가까지 포함할 것이다.

덧붙여 말하면, 베조스는 처음 이 그림을 그렸을 때부터 아마존 경영 전략으로 '코스트 리더십'을 취하고자 했다.

저명한 경영학자 마이클 포터Michael Porter 교수는 아마존의 경영 전략으로 3가지 정도를 들고 있다. ① 코스트 리더십 전략, ② 차별화 전략, ③ 집중 전략이 그것이다. 세 번째 집중 전략은 '코스트에 집중한다'거나 '차별화에 집중한다'는 두 패턴으로 나눌 수 있다.

아마존의 경우, 저비용 구조 구축으로 코스트 리더십 전략을 취하고 있는 것이 분명하다. 코스트 리더십 전략을 취하는 기업은 '다른 기업보다 저렴한 가격으로 상품이나 서비스를 제공한다' 또는, '다른 경쟁사와 같은 가격이지만 큰 마진(이윤, 수익)을 취한다'라는 두 가지의 선택지가 있을 수 있다. 여기서 아마존이 취한 전략은 전자이다.

필요 이상으로 마진을 취하지 않고, 저비용 구조로 얻은 이익은 저렴한 가격이라는 형태로 고객에게 환원한다. 또는 프라임 회원 대상의 텔레비전 방송 등 매력적인 아마존 콘텐츠를 제공한다. 이것은 사실 차별화 전략이라고 할 수 있다.

즉 아마존이라는 기업은, 코스트 리더십 전략과 차별화 전략을 양립시키고 있다. 이것이 아마존의 강점이라고 생각할 수 있다.

열쇠 ② 고도화하는 소비자 니즈에 대한 철저한 대응

베조스는 오랜 기간에 걸쳐 소비자에게는 '저렴한 가격' '풍부한 상품' '신속한 배달'이라는 3가지 니즈가 있다고 주장해 왔다. 베조스는 "소비자는 과거도 지금도 미래도 이러한 니즈를 변함없이 추구한다."라고 말했다.

빼놓을 수 없는 것은 이 3가지의 니즈가 시대와 함께 첨예화되고 있다는 사실이다. 소비자는 결코 만족하지 않는다. 아마존이 아무리 서비스에 충실해도 "충분히 싸다." "이 이상의 상품은 필요 없다." "더 빨리 배달할 필요는 없다."라고 만족하는 일은 생기지 않는다. 사람은 편리성이 높아지면 높아질수록, 이제까지 느끼지 않았을 불편을 느끼게 되기 때문이다. 예를 들어, 스마트폰으로 무엇이든지 손으로 검색할 수 있게 된 지금, 조금이라도 연결이 늦으면 사람들은 스트레스를 느낀다. 전자 화폐를 사용하여 순식간에 지불이 완료되기 때문에, 계산대에 줄 서 있을 때 앞 사람이 현금으로 지불하여 잔돈을 세는 데 시간이 지체된다면 짜증을 내는 사람도 있을 것이다.

즉 아마존이 아무리 저렴한 가격으로 풍부한 상품을 신속하게 배달하더라도, 소비자는 니즈를 더욱 첨예화시킨다. '더 저렴한 가격으로' '더 풍부한 상품을' '더 신속하게' 받아 보길 바라는 것이다. 아마존은 그것을 알고 있다. 이 때문에 지금까지 소비자 니즈의 첨예화에 선행하여 상품이나 서비스를 진화시켜 왔다. 그리고 앞으로도 이 목표는 변함없을 것이다.

"소비자는 결코 만족하지 않는다. 그렇기에 아마존은 항상 상품이나 서비스를 개선하고 또 개선한다."라고 베조스는 강조해 왔다. 첨예화하는 소비자 니즈에 앞질러서 대응한다는 강한 의지의 실현이라고 할 수 있다.

앞서 언급한 것처럼 아마존은 고객 경험에 강한 신념을 가지고 있다. 이번에는 '첨예화하는 소비자 니즈'와 함께, 최근 '고객 경험'의 개념 그 자체가 진화하고 있다는 것에 주목하고자 한다.

베조스의 발언을 차근차근 뜯어 보면, 베조스가 생각하는 고객 경험

이란 다음 4가지로 정리할 수 있다.

첫째는 '사람이 인간으로서 가지고 있는 본능이나 욕망에 응답하는 것'이다. 이는 베조스가 다양한 장면에서 반복해서 언급하고 있는 것이다. 그가 항상 인간의 본능이나 욕망에 대해 고심해 왔다는 것을 짐작할 수 있다.

둘째는 '테크놀로지의 진화에 의해 고도화되는 문제나 스트레스를 해결할 것'이다. 이는 앞에서 설명한 대로이다.

셋째는 '예측하는 테크놀로지'인데, 아마존의 마케팅 전략과 깊이 연관되어 있다. 종래의 마케팅 전략은 연령이나 성별, 직업, 학력, 소득 등의 속성에 따라 고객을 분류하고, 판매 대상을 설정하는 것이 일반적이었다. 그러나 이용자에 관한 데이터가 종래 인문적 속성에 한정되는 시대는 이미 끝났다. 틀에 박힌 분류 방식은 지나갔다고 볼 수밖에 없다.

아마존은 이 점에서도 앞서고 있다. 이용자가 구입한 상품이나, 찜해둔 상품의 이력, 검색을 위해 입력한 단어 등의 빅데이터를 바탕으로, 특정 이용자의 심리나 행동 패턴 등을 AI로 분석한다. 이용자 한 명 한 명의 기호에 맞춘 권유나 추천으로 연결 짓고 있는 것이다. 즉, 아마존은 '빅데이터×AI'로 실시간 1 대 1 마케팅을 수행하고 있다. 마케팅 전략에 관한 한 아마존을 능가하는 유통사는 아직 나오지 않았다.

아마존의 '빅데이터×AI'는 더욱 진화하고 있다. 아마존의 전 수석 데이터 분석가로 베조스와도 함께 일했던 안드레아스 와이겐드Andreas Weigend는 그의 저서 『포스트 프라이버시경제』에서 "0.1명 규모로 세그먼트segment하는 아마존"이라고 써 놓았다. 이는 즉 이용자 한 명 한 명의 시시각각 변화하는 니즈를 반영한 마케팅을 의미한다. 아마존은 고객 분석을 더욱 첨예화하여, 갖고 싶다고 생각하는 고객의 눈앞에 즉시 상품을 제공하거나 더 나아가 갖고 싶다고 생각하기 전에 필요한 상품을 제공하는 서비스까지 도달할지도 모른다. 그것이 필자가 생각하는 예측하는 테크놀로지이다.

넷째는 '고객이 거래하고 있다고 느끼지 않게 하는 것'이다. 아마존은 고객에게 우수한 편리성을 제공할 뿐만 아니라 최근에는 고객에게 '거래하고자 하는 의지조차 필요 없는 쾌적함'을 제공하는 수준까지 서비스를 진화시키고 있다.

전형적인 예시가 '아마존 고'이다. 캐치프레이즈는 "그냥 걸어 나가라 Just Walk Out"이다. 이 말대로, 고객이 점포에 들어가서 원하는 물건을 집어 들고 나가는 것만으로 쇼핑이 끝나는 것이다. 이 같은 서비스가 실현될 경우, 고객이 쇼핑을 하고 있다거나 결제하고 있다는 것조차 느끼지 않게 될 것이다. 그리고 이러한 쾌적함이야말로 아마존이 필요로 하는 고객 경험이다.

아마존 고는 일손 부족 대책이나 생산성 향상이라는 기업의 논리로 보기 어렵다. 아마존은 고객 경험을 목표로 아마존 고를 개발하고 있는 것이다. 필자 스스로 시애틀에서 직접 아마존 고를 체험했을 때에도 그처럼 생각했다.

애초 아마존은 클릭하는 것만으로 쇼핑을 완료할 수 있는 '원클릭 주문'으로 1997년에 특허를 신청하고 취득했다. 즉 베조스는 고객이 돈을 지불하고 있다는 느낌을 받지 않게 하기 위해 창업 당시부터 심혈을 기울이고 있었던 것이다.

'고객이 거래하고 있다고 느끼지 않게 하는 것'은 종래 관행화된 거래와 비교해 봐도 쾌적하다. 이는 거래량을 대폭 증가시키는 촉매제로 작용할 것이다. 앞으로는 아마존 이외의 기업도 테크놀로지를 활용하여 '거래라는 느낌이 들지 않는' 신속하고 쾌적한 서비스를 제공하는 데 힘을 쏟기 시작하지 않을까 예상한다.

열쇠 ③ 대담한 비전×고속 PDCA

아마존 진화의 열쇠로 마지막에 소개하고 싶은 것이 '대담한 비전×고속 PDCA'이다. 비즈니스에서 중요한 것은, 처음에 대담한 비전을 세우는 것이다. 비전을 세웠다면, 다음으로는 그것을 어떻게 실현할 것인지 정해야 한다. 아마존에서는 이 실현 방법으로 '고속 PDCA'를 쓰고 있다. 즉 대담한 비전의 규모를 줄여 '오늘은 무엇을 해야 하는지' 명확하게 정한다. 이어 고속 PDCA(Plan=계획, Do=실행, Check=평가, Action=개선) 사이클에 올려 효율을 높이면서 비전을 향해 매진하는 것이다.

웹 세계에는 '몇 명이 사이트를 방문했는지', '그중 몇 명이 버튼을 클릭했는지', '그중 몇 명이 구입했는지' 이용자의 행동을 분석하여 사이트의 디자인이나 상품 배치를 바꾸는 'PDCA의 고속 회전'이 뿌리 박혀 있다. 아마존에서는 대담한 비전을 오늘의 할 일로 압축하여 고속 PDCA 사이클에 올리는 '합작 기법'을 사용한다. 빠르게 실패하고 빠르게 개선하는 경영, 혁신을 거듭하며 급성장하는 경영을 실천하는 것이다.

대담한 비전과 동전의 앞뒷면처럼 함께하는 것이 '초장기적 사고'이다.

이는 베조스 스스로 아마존의 모토로 매일 주장하는 말이다.

생각해 보면 이는 당연한 말이다. '1개월 후에 이루어 낼 수 있는 것', '5년 후에 이루어 낼 수 있는 것', '10년 후에 이루어 낼 수 있는 것'을 비교하면 당연히 10년 후에 이루어 낼 수 있는 것이 가장 대담한 비전이 된다. 즉, 베조스가 '초장기적 사고'로 주장하는 바는 장기적으로 대국적인 비전을 생각해야 한다는 것이다. 그것이 대담하고 야심 있는 비전 수립으로 이어지기 때문이다.

대담한 비전의 예시로는, 앞서 말한 아마존 고의 점포 확대 및 해외 진출을 포함하여, 드론이나 자율주행을 이용한 더욱 빠른 배달을 들 수 있다. 또 앞으로는 5G에 의한 혁신도 기대된다. 5G는 과거에는 감히 상상도 할 수 없었던 고속, 대용량의 통신을 가능하게 한다. 이러한 기술의 진화는 아마존에게 호기일 수 있다. VR이나 AR의 기술을 활용한다면, 오프라인 매장에 발을 옮기지 않더라도, 실제 점포에 방문한 것 같은 쇼핑 체험 서비스의 제공이 가능하다. 아마존은 이와 같은 대담한 비전도 세우고 있는 것으로 짐작된다.

그림 1-4는 '대담한 비전×고속 PDCA'에 의한 아마존의 성장 이미지를 상상한 것이다. 관건은 베조스가 입버릇처럼 말하고 있는 확장성 scalability 이다.

아마존에서는 사업 플랜을 체크할 때뿐만 아니라 사원 미팅에서도 확장성이라는 단어가 다방면으로 사용된다. 눈앞의 이익은 상당해도 성장의 여지에 한계를 보인 나머지 바로 벽에 부닥치는 사업은 확장성이 없다. 역으로 시작 단계에서는 아주 작은 사업이지만, 한번 궤도에 오르면

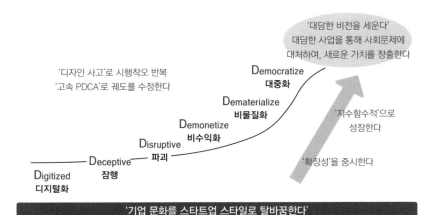

'대담한 비전을 세운다'
대담한 사업을 통해 사회문제에
대처하여, 새로운 가치를 창출한다

'디자인 사고'로 시행착오 반복
'고속 PDCA'로 궤도를 수정한다

Democratize
대중화

Dematerialize
비물질화

'지수함수적'으로
성장한다

Demonetize
비수익화

Disruptive
파괴

Deceptive
잠행

'확장성'을 중시한다

Digitized
디지털화

'기업 문화를 스타트업 스타일로 탈바꿈한다'

그림 1-4 대범한 비전×고속 PDCA

기하급수적으로 급성장하는 사업은 확장성이 있다고 할 수 있다.

아마존은 이미 세계에서 손꼽히는 대기업으로 성장했다. 하지만 그 내부는 여전히 스타트업 기업 분위기를 유지하고 있다. 새로운 사업은 대담한 비전을 바탕으로 확장성을 중시하여 결정한다. 그리고 린 스타트업lean startup(군더더기 없는 기업), 즉 작고 효율적인 규모로 신속하게 시작한다. 그리고 이렇게 시작한 사업을 고속 PDCA 사이클에 올려 개선해 나가는 것이다.

디지털 사업은 잠행 단계를 거치면 기하급수적으로 성장해 폭발적으로 확대되는 특징이 있다. 종이책에 대한 킨들 북스의 성장 속도는 좋은 사례라고 할 수 있다(그림 1-5).

아마존이 스타트업 기업 스타일이라는 것을 강하게 나타내는 배경에는, 베조스가 반복적으로 입에 담고 있는 'Day One'이라는 말이 있다.

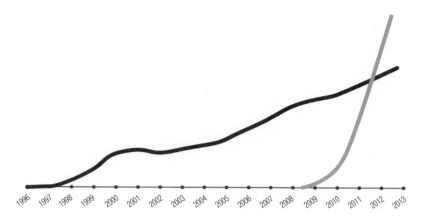

'Day One'이란 '창업일' 또는 '첫날'이란 의미이다. 베조스의 오피스가 있는 건물은 모두 'Day One'이라는 이름이 붙여져 있다. 아마존의 공식 블로그에도 "The Amazon Blog: Day One"이라는 문장이 선명하다. 베조스가 얼마나 Day One에 집착하고 있는지 엿볼 수 있다.

베조스는 'Day One'이라는 말과 더불어 'Day Two'라는 말도 자주 사용한다.

'Day Two'란, 말하자면 '대기업 병'을 뜻한다. 2017년의 아마존 연례 보고서에는 Day Two로부터 아마존을 지키는 4가지의 법칙이 적시되어 있다. '진정한 고객 지향', '절차화에 대한 저항', '최신 트렌드에 대한 신속한 대응', '고속 의사결정 시스템'이 그것이다.

베조스가 "오늘이 아마존의 창업일이다."라고 매일 강조하며 대기업 병으로부터 벗어나려고 노력하고 있는 까닭은 만일 스타트업 스타일의 기업이라는 DNA가 사라져 버린다면 파괴적 혁신을 계속하지 못한다는 위기감이 강하게 작용하고 있기 때문이다.

— 04 —

'마케팅 4.0'과 아마존

온라인과 오프라인의 완전 통합

마케팅의 신으로 불리는 필립 코틀러^{Philip Kotler} 교수는, '마케팅 4.0'이
라는 개념을 창안했다. "새로운 고객 특성은, 마케팅의 미래가 고객 여정
Customer Journey 전체에 영향을 미쳐서 온라인 경험과 오프라인 경험을 원
활하게 융합시키는 것을 확실히 보여 준다"(『필립 코틀러의 마케팅 4.0』, 필립
코틀러 지음).

고객 여정이란, 고객^{Customer}이 상품이나 서비스에 대한 필요를 느끼고
최종적으로 구입, 이용에 이르는 전 과정^{Journey}을 일컫는다. 현대 소비자
는 온라인과 오프라인을 자유자재로 왕래할 수 있다는 것, 온라인과 오
프라인의 선택권은 소비자가 갖고 있다는 것, 그리고 온라인과 오프라인

이 아주 매끄럽게 융합하는 세계가 도래할 것이란 점이, 코틀러가 말하는 고객 여정이다.

아마존에서는 온라인과 오프라인이 융합한 '마케팅 4.0'의 시대가 이미 시작되었다.

독자 여러분이 뉴욕에서 일하고 있다고 가정하자. 책을 사려고 할 때, 이미 읽고 싶은 책이 정해져 있다면, 아마존 사이트에서 사는 경우가 많을 것이다. 킨들 북스에서 구입하여 스마트폰이나 태블릿을 통해 읽을지도 모른다. 종이책으로 살지 전자책으로 살지 여부는 소비자인 여러분에게 선택권이 있다. 더구나 미국에는 오프라인 매장 '아마존 북스'도 있다. 이곳에서 읽고 싶은 책을 찾아 사는 것도 가능하다.

아마존에서 '마케팅 4.0'이 실현 가능한 이유는, '빅데이터×AI'를 활용

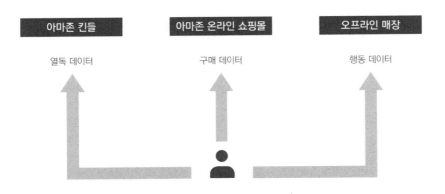

"새로운 고객 특성은, 마케팅의 미래가 고객 여정 전체에 영향을 미쳐서 온라인 경험과 오프라인 경험을 원활하게 융합시키는 것을 확실히 보여 준다."(『필립 코틀러의 마케팅 4.0』)

그림 1-6 '마케팅 4.0'의 본질

하는 첨단 기술 기업이기 때문이다.

아마존닷컴에서 책을 사면 그 구매 데이터가 아마존에 남고, 아마존 킨들에서 전자책을 구입하면 '실제로 그 책을 읽었는지 어떤지' '어디서 읽었는지' '어디에 형광펜을 칠했는지'와 같은 데이터 수집도 가능하다. 또, 아마존의 오프라인 매장에 책을 사러 가면, 그곳에서의 고객 행동도 데이터로 기록될 것이다. 필자가 실제 미국의 아마존 북스에서 보고 놀랐던 것은, '킨들에서 가장 밑줄이 많이 그어진 책'이라는 코너가 있었다는 사실이다.

즉, 아마존에서는 온라인 경험과 오프라인 경험을 단절 없이 소비자에게 제공하면서 빅데이터를 수집하여 AI로 해석하고 고객 경험 향상에 이용하고 있는 것이다.

아마존 북스에서의 서적 진열 방식을 보자. 아마존 북스는 모든 책을 앞면 표지가 보이도록 진열해 놓고 있다. 표지가 보이게 전시하면 고객에게는 보이기 쉽고, 선택하기 쉽고, 알기 쉽다는 장점이 있다. 그러나 일반 서점에서는 모든

사진 1-2 아마존 북스의 실내. '빅데이터×AI'를 통해 고객 주문에 대응한 적당한 서적이 표지가 보이게 진열되어 있다. 매장에 책이 없는 경우 스마트폰으로 그 자리에서 주문 가능하다. 온라인과 오프라인의 완전 통합이다.
(출처: 필자 촬영, 2019년 1월)

책의 표지가 보이게 진열할 수 없다. 매장 면적, 매장 재고 등에 의한 제약 때문이다.

아마존 북스가 이런 제약을 받지 않고 진열할 수 있는 것은, 바로 '빅데이터×AI'의 힘에 따른 것이다. 아마존에는 그 지역에서 일하는 사람들이 어떠한 책을 읽는가 하는 빅데이터가 있다. 그 점포에서 어떤 책을 진열하면 효과적으로 팔릴지를 해석하는 기술이 있다는 의미이다. 책을 골라 사고 싶어 하는 사람에게는 이러한 AI 데이터 해석을 바탕으로 책이 진열된 서점이 매우 쾌적할 것이다. 그리고 만일 찾고 있는 책이 매장에 재고가 없을 경우, 스마트폰으로 그 자리에서 아마존에 주문할 수 있다.

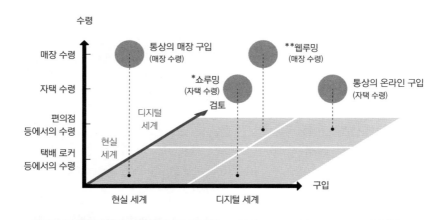

앞으로 고객 대응은 '검토×구입×수령'의 3D 포지셔닝 맵으로 생각할 필요가 있다.

그림 1-7 '검토×구입×수령'의 3D 포지셔닝 맵

*쇼루밍: 매장에서 상품의 정보를 습득하고 온라인으로 구매하는 행위
**웹루밍: 온라인에서 상품의 정보를 습득하고 오프라인 매장에서 구매하는 행위

아마존은 또한 소매 온라인 기업, 테크놀로지 기업, 물류 기업 같은 다면성을 가지고 있다.

아마존은 '상품이나 서비스 검토' '상품이나 서비스 구입' 등 각각의 경우에 온라인과 오프라인 양쪽의 선택지를 모두 제시할 수 있다. 나아가 상품이나 서비스를 수령하는 장소 또한 점포, 자택, 편의점, 아마존 로커 같은 갖가지 선택지 중에서 고를 수 있다. 아마존은 이런 편의성을 계속 확충하려 하고 있다.

'마케팅 4.0' 시대에는 고객 대응을 위해 '검토·구입·수령'이라는 각각의 장면에서 다양한 선택지를 제시하게 된다. 이런 단계들을 얼마나 스트레스 없이 엮어 넣을지가 관건이라고 할 수 있다(그림 1-7).

— 05 —

알리바바의 사업 현황

중국의 새로운 사회 인프라 기업

미국 아마존에 비견할 수 있는 중국 기업으로는 알리바바 그룹을 들
수 있다.

알리바바란 어떤 이미지인가. 국내에서 알리바바의 존재감은 아직 크
지 않다. '중국의 거대한 전자상거래 기업', '알리페이의 회사'로 생각하는
독자도 많을 것이다.

그러나 알리바바는 단순한 전자상거래 회사가 아니며, 모바일 결제 '알
리페이'만으로 생각할 수 있는 회사도 아니다. 홍콩에 거주했고, 홍콩와
중국 본토 사이를 수차례나 왕래한 필자에게 알리바바를 한마디로 설명
하라고 한다면, '중국의 새로운 사회 인프라 기업'이라고 표현할 것이다.

알리바바의 사업 근간은 온라인 쇼핑몰이 분명하다. 인터넷을 통한 B2B 거래의 '알리바바닷컴', C2C(개인 대 개인) 거래 플랫폼인 '타오바오 마켓 플레이스淘宝網市場', 중국 국내의 B2C 거래 플랫폼 'T몰天猫'과, 그 국제판 'T몰 글로벌天猫国際' 등 몇 개의 사업에 활발한 확장성을 보이고 있다. 그러나 알리바바는 이에 그치지 않고, 물류사업과 오프라인 매장, 클라우드 컴퓨팅, 금융사업 등에도 손을 뻗치고 있다. 그 발전 방식은 아마존이 인터넷 서적 판매부터 시작하여 에브리싱 스토어로, 그리고 에브리싱 컴퍼니로 거대화해 온 과정을 방불케 한다.

알리바바의 전체 면모를 파악하는 것은 쉽지 않다. 하지만, 이미 설명한 아마존의 전체상을 염두에 두면서 몇 가지의 상징적인 서비스를 이해한다면 '알리바바란 어떤 기업인가'도 파악할 수 있을 것이다. 알리바바는 또한, 보통 '인베스터 데이(투자자 대상 설명회)'를 개최하고 거기서 사용된 방대한 자료를 영문 사이트에 공개한다.

이 책에서 다루는 8개 기업 중에서 가장 많이 정보를 공개하고 있는 인터넷 전문 기업이라고도 평가할 수 있다.

이제부터 구체적으로 소개하겠다.

전자상거래 사이트 '타오바오', 'T몰'

알리바바의 인터넷 사업 이미지를 떠올려 보면, 타오바오는 일본의 야후옥션!이나 메루카리(한국에서는 기업에서 운영하는 C2C 쇼핑몰 대신 중고나라라는 커뮤니티 사이트가 활발하게 이용되어 왔으며 최근 당근마켓이라는 모바일 앱이 C2C 플랫폼으로 인기를 끌고 있다.—편집자)에 비견될 수 있다. T몰은 라

쿠텐(한국의 G마켓, 인터파크나 11번가와 같은 기업 출품형 오픈마켓—편집자)과 같은 부류에 속한다.

아마존은 '스스로 구매하고 스스로 파는' 직판이 주류이지만, 알리바바는 마켓 플레이스형 사업이 주류이다. T몰에 출품하는 기업이나 타오바오를 이용하는 개인 등을 지원하는 비즈니스 모델이라고 할 수 있다.

2003년에 개설된 타오바오는 빅데이터 분석을 통해 사용자마다 최적화된 쇼핑을 즐길 수 있도록 해 놓은 게 핵심이다. 주목할 점은 타오바오가 아마존에 앞서 새로운 양식을 서비스하고 있다는 점이다. 예를 들어, 세계의 전자상거래 사이트에서 주목도가 높아지고 있는 온라인 판매 라이브 동영상은 알리바바가 타오바오에서 시작한 것이다.

후발 주자인 T몰과 T몰 글로벌은 성장하기 쉽지 않은 중국의 온라인 시장에서 현재 최대의 전자상거래 플랫폼으로 성장했다. 연례 보고서에 따르면, 2018년도 타오바오와 T몰의 누적 거래액GMV은 4조 8200억 위안화(약 7110억 달러, 약 78조 엔, 약 780조 원)에 달한다. 이는 세계의 전자상거래 기업 중에서도 단연 으뜸가는 거래 숫자이다.

슈퍼마켓 '허마'

아마존이 홀푸드를 매수하거나 아마존 고를 오픈하는 등 온라인과 오프라인의 융합Online Merges Offline: OMO을 추진하고 있다는 것은 앞서 언급했다. 그러나 실체를 들여다보면 오프라인 매장의 확장과 OMO의 진출이라는 점에서 알리바바가 질적으로든 양적으로든 보다 더 앞서가고 있다는 것을 발견할 수 있다.

특히 주목해야 할 점은 알리바바가 운영하는 슈퍼마켓 '허마프레시盒馬鮮生'(알리바바는 2019년 1월 30일자 언론을 통해 영자 표기를 'Hema'에서 'Freshippo'로 변경한다고 발표했다)이다. 오프라인 매장이지만, 알리바바의 재무제표 안에서는 전자상거래로 분류되어 있다.

그 서비스 얼개를 이해하면, 왜 슈퍼마켓이 전자상거래로 분류되어 있는지를 이해할 수 있다.

2016년 제1호점을 개점한 허마는, 2018년 7월 말 기준으로 중국 국내에 64개 점포를 개설했다. 회원제 슈퍼마켓으로, 이용하기 위해서는 스마트폰 앱을 통해 회원 등록을 할 필요가 있다. 허마는 스마트폰 앱을 통해 점포 방문 이력이나 상품 구입 이력 등의 데이터를 취득할 수 있다.

고객 데이터의 축적과 해석을 통해 허마는 상품 구매를 최적화할 수 있다. 이 때문에 항상 신선한 식품을 구비해 놓는 게 가능해졌다. 또, 상품에 붙여진 QR코드를 스마트폰으로 스캔하면 상품의 유통경로 등을 확인할 수도 있다. 첨단 기술을 활용하여 생산 이력 추적 관리traceability에 주력함으로써, 소비자로부터 높은 인기를 유지하고 있는 것이다.

대금 지불은 알리바바 그룹의 모바일 결제 서비스인 알리페이를 사용토록 했다. 매장에 있는 결제용 단말기에 스마트폰의 QR코드를 스캔하면 바로 지불되는 식이다.

첨단 기술의 활용은 여기서 그치지 않는다. 허마는 스마트폰으로 상품을 주문받아 택배로 배달하는 것도 가능하다. 점포로부터 3km 이내 거리라면, 매장에 있는 상품은 무료로 30분 이내 배달되는 시스템을 구축해 놓았다.

2018년 9월 알리바바가 투자자 대상으로 발표한 '인베스터 데이' 자료에 따르면, 개점부터 1년 반이 경과한 7개 점포의 1점포당 하루 평균 판매액은 일본 엔화로 약 1360만 엔(약 1억 3600만 원)에 이른다. 단순 계산하면 1점포당 매출액이 연간 50억 엔(약 500억 원)에 이르는 것이다. 그리고 놀랍게도 그중 약 60%는 온라인을 통해 이루어진다.

다만 허마는 기업 전체로는 아직 적자 상태이다. 반경 3km 이내 무료 배달이라는 서비스는 당연히 단기적으로는 수익을 그리 낼 수 없기 때문이다.

그러나 알리바바는 그것을 문제시하고 있지 않은 듯하다. 허마의 비즈니스에 관해, 알리바바 주식회사의 CEO이자 앤트 파이낸셜 재팬Ant Financial Japan, 蚂蚁金服 대표이사인 고야마 마코토香山誠는 다음과 같이 말했다. 참고로 앤트 파이낸셜 재팬은 알리바바 그룹 산하의 금융회사이다.

"빅데이터를 손에 넣는 것으로 충분하다. 사람들이 일상적으로 구매하고 있는 종합 데이터는, 마지막까지 파악하기 어려운 것이다. 그 데이터를 종래의 것에 더하면, 더욱 정밀한 예측을 할 수 있다. 이 때문에 의미가 있다고 생각한다."

"우리는 중국 제3위 백화점을 완전히 매입하여, 중국의 최대 쇼핑몰 기업에도 출자하고 있다. 매출액 2조 엔의 신선 식품 슈퍼마켓도 매입을 추진하고 있다. 솔직히 실제 소매업의 시가 총액은 매우 낮다. 그러므로 데이터를 모으기 위해 아예 매입하는 편이 빠를 것이라고 판단했다. 그렇게 함으로써, 전혀 다른 차원의 소매업을 재구축할 수 있다. 이제는 '보유하고 있는 데이터의 가치=회사의 시가 총액'인 것이다"(『기업가 클럽』

2018년 10월).

데이터 활용 덕택에 허마가 재고를 쌓아 놓지 않고 점포를 운영할 수 있다는 것을 생각한다면, 이런 전략의 유효성은 매우 높다고 할 수 있다.

허마는 새로운 고객 경험을 제공한다는 관점에서 매우 유니크한 서비스를 제공하고 있다. 매장에서 산 어패류를 그 자리에서 요리사에게 조리를 부탁해, 매점 내에서 먹을 수도 있는 것이다. 식료/잡화점grocery과 레스토랑restaurant을 합친 듯한 이러한 서비스를 '그로서런트grocerant'라고 부른다.

> 허마에서는 방문객 스스로 '이 게가 맛있을 것 같네'라며 어패류를 손에 들고 신선한지 살이 많은지 직접 검증하면서 맛을 음미할 수 있으며, 또 일반 레스토랑에서는 값이 비싸 서민들이 접하기 어려운 어패류를 적당한 가격으로 맛볼 수 있다는 점 등으로 인해 시민들에게 큰 인기를 끌고 있다. (『일본경제컴퓨터』 2018년 7월 19일)

지역 활성화 사업 '농촌 타오바오'

넓은 땅덩어리를 가진 중국에서는 물류 네트워크가 정비되어 있지 않은 지역이 많다. 따라서 그러한 지역에 사는 농민들이 질 좋은 제품을 구매하거나 서비스를 얻기 위해서는 대도시로 나갈 필요가 있었다. 또한 이 지역의 농민은 소득 수준이 낮아서 가난한 삶을 면치 못했다.

이러한 국내 문제를 해결하고 있는 것이 알리바바의 지역 활성화 사업 '농촌 타오바오'이다. 농촌 타오바오란, 네트워크 보급률이 낮은 농촌 지역에서 구매자와 판매자 양측을 대상으로 서비스를 제공하는 거점으로, 2014년 1월부터 시작되었다. 알리바바 인터넷 사이트의 2016년 당시 자료에 따르면, 1만 6500개 마을(27개 성 333개 군)에 농촌 타오바오 거점이 마련되어 있다고 한다.

이 서비스에서는 구매자가 스마트폰 등으로 상품을 주문하면 가까운 농촌 타오바오에서 상품을 받을 수 있다. 또한, 지역 농민이 판매자가 되기도 한다. 농촌 타오바오를 거점으로 해서 농작물 등 현지의 특산품을 인터넷망을 통해 전국으로 판매할 수 있는 것이다. 다시 말해, 농촌 타오바오는 '전자상거래의 배송 거점'이며, '지방의 편의점'이다. 최근에는 피트니스 룸까지 설치되어, 편리성이 한층 높아지고 있다.

농촌 타오바오는 지역 청년들에 의해 운영되고 있다. 지역에 따라서는 고용률 상승의 토대도 되고 있다. 이러한 장점으로 인해 농촌 타오바오에 예산을 지원하는 지방자치단체도 있다. 농촌 타오바오에 의해 100만 명의 고용이 창출되었다는 보고도 있다.

농촌 타오바오는 중국의 지역 활성화에 빼놓을 수 없는 인프라가 되고 있다.

물류 서비스 '차이냐오 네트워크'

물류는 아마존의 강점 중 하나이다. 자사에서 독자적으로 물류 네트워크와 창고를 구축하여 거대한 사업을 전개하고 있다. 한편, 알리바바가 구축하려는 스마트 물류 네트워크 또한 거대하다.

알리바바 그룹에서 물류사업을 책임지는 '차이냐오 네트워크菜鸟

Network'라는 회사를 보자. 2013년에 창업해 역사는 짧지만, 투자금액은 어마어마하여 세계적인 규모이다.

후지쓰 종합 연구소의 진장민金堅敏은 "투자금액은 1단계 1000억 위안, 2단계 2000억 위안으로 도합 3000억 위안(약 50조 원)에 달할 것으로 예상된다. 향후 5~8년에 거쳐서 1일 평균 300억 위안(연간 10조 위안=약 2000조 원)의 전자상거래를 지원할 것이다. 이를 토대로 24시간 배달 가능한 전국망으로 스마트 로지스틱 네트워크를 구축하려 하고 있다."(연구 보고서「중국의 네트워크 비즈니스 혁신과 과제」)라고 말했다.

차이냐오의 창고 모습은 동영상으로 시청할 수 있는데, 그 영상을 보면 최첨단 물류 기술을 적용하여 아마존 이상으로 로봇화가 진행되고 있음을 엿볼 수 있다. 부지 내에서는 로봇이 무인 운전으로 상품을 옮기기도 한다.

또, 차이냐오는 5만 개 이상의 배달 로커를 설치하는 등, '언제나 배달 가능, 언제나 수령 가능'한 환경 인프라의 정비에도 힘을 쏟고 있다.

차이냐오는 "중국 국내는 어디서나 24시간 이내, 전 세계 어디서든 72시간 이내에 배달할 수 있는" 물류 네트워크를 구축한다는 엄청난 규모의 비전을 가지고 있다. 해외로의 물류망을 구축하기 위해, 차이냐오는 일본에서는 일본통운과, 미국에서는 우정공사와 협력하는 등, 해외 사업자와의 연계도 강력히 진행하고 있다.

모바일 결제 '알리페이'

금융 분야에서는 알리바바가 아마존을 완전히 능가하고 있다.

앞서 먼저 살펴본 대로, 아마존도 결제 서비스인 아마존 페이나, 소규모 사업자 대상으로 사업 자금을 융자하는 '아마존 렌딩' 등의 서비스를 제공하고 있지만, 그다지 금융사업에 큰 힘을 쏟고 있는 것으로는 보이지 않는다.

그러나 알리바바는 이미 '핀테크의 왕자'라 불릴 만한 지위를 가지고 있다. 알리바바는 전자상거래 사이트와 물류사업, 그리고 금융업을 삼위일체로 묶어 성장시켜 왔다. 알리바바 그룹 내의 앤트 파이낸셜이 제공하는 모바일 결제 서비스 '알리페이'는 중국에서 완전히 뿌리를 내리고 자리를 잡았다. 대도시권에서는 알리페이가 아니면 지불할 수 없는 가게도 심심찮게 볼 수 있다. 이미 중국인의 삶은 스마트폰 결제 서비스가 없으면 성립되지 않을 정도로 바뀌고 있다. 알리페이는 세계 최대 규모의 결제 서비스로 성장했다. 이는 알리바바가 중국의 거대 기술회사에서 벗어나 중국 13억 명의 생활을 지탱하는 사회 인프라의 거인으로 탈바꿈했음을 의미한다.

알리바바는 실질적인 유동 자금도 메가뱅크와 동등한 수준에 도달했다. 2017년 9월 15일 『월스트리트저널』은 알리바바 그룹의 머니마켓펀드 MMF 금융상품 '위어바오余額宝'의 예치 자산액이 불과 4년 사이 세계 최대로 커져서, 2110억 달러로 급증했다고 보도했다. 이는 2위의 JP모건 에셋매니지먼트가 운용하는 MMF의 2배 이상 규모이다.

이처럼 예치 자산을 늘릴 수 있었던 것은 핀테크 때문이다. 이용자가 스마트앱에 내장된 알리페이를 이용해 손쉽게 자금을 MMF로 이동시킬 수 있게 된 것이다. 알리페이의 앱은 알리페이 그룹의 은행, 증권, 보험, 투자신탁 등의 금융 서비스를 바로 이용할 수 있게 되어 있으며, 알리바바 그룹의 전자상거래와 공공 서비스도 알리페이 앱으로 이용할 수 있다.

이처럼 일상생활에 없어서는 안 될 결제 수단이 된 알리페이 앱은 알리바바 그룹 서비스의 입구가 되고 있다. 이는 알리바바의 매우 큰 강점이자 아마존과의 결정적인 차이이기도 하다.

알라바바는 알리페이를 통해 축적한 대량의 구매 데이터나 결제 데이터, 그룹 내의 빅데이터를 활용해 개인의 신용도를 정량화·가시화하는 '즈마신용芝麻信用'이라는 서비스도 운영하고 있다.

알리바바 클라우드

클라우드 컴퓨팅 서비스의 경우, 현시점에서 아마존의 AWS가 세계 1위의 위치를 차지하고 있다. 한편, 알리바바는 AWS를 목표로 '알리바바 클라우드'를 전개하여, 중국 시장에서는 점유율 1위를 굳건히 하고 있다. 알리바바는 일본에서도 소프트뱅크와 합작으로 'SB 클라우드'를 설립하여 서비스를 제공하고 있다.

'알리바바 클라우드'의 포인트는 이를 토대로 알리바바 그룹의 다양한 서비스가 운영되고 있다는 데 있다. 그림 1-8을 보면 이해하기 쉽다.

알리바바 클라우드에 결제 서비스 알리페이나 물류 서비스의 차이냐오가 있으며, 이들 플랫폼 위에 '핵심 상거래'가 자리 잡고 있다. T몰이나 타오바오, '로컬 서비스'로 자리매김하고 있는 허마, '디지털 미디어 & 엔터테인먼트'로 자리를 굳힌 동영상 서비스의 유쿠 등 알리바바 그룹의 다양한 서비스가 운영되는 현황을 볼 수 있다.

알리바바 클라우드는 AWS와 동등한 수준의 인프라를 가지고 있다.

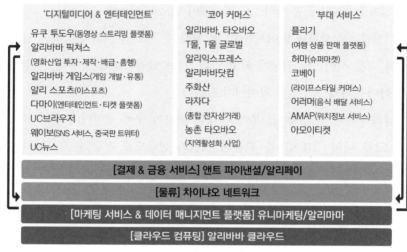

'디지털미디어 & 엔터테인먼트'	'코어 커머스'	'부대 서비스'
유쿠 투도우(동영상 스트리밍 플랫폼) 알리바바 픽처스 (영화산업 투자·제작·배급·흥행) 알리바바 게임스(게임 개발·유통) 알리 스포츠(이스포츠) 다마이(엔터테인먼트·티켓 플랫폼) UC브라우저 웨이보(SNS 서비스, 중국판 트위터) UC뉴스	알리바바, 타오바오 T몰, T몰 글로벌 알리익스프레스 알리바바닷컴 주화산 라자다 (종합 전자상거래) 농촌 타오바오 (지역활성화 사업)	플리기 (여행 상품 판매 플랫폼) 허마(슈퍼마켓) 코베이 (라이프스타일 커머스) 어러머(음식 배달 서비스) AMAP(위치정보 서비스) 아모이티켓

[결제 & 금융 서비스] 앤트 파이낸셜/알리페이

[물류] 차이냐오 네트워크

[마케팅 서비스 & 데이터 매니지먼트 플랫폼] 유니마케팅/알리마마

[클라우드 컴퓨팅] 알리바바 클라우드

그림 1-8 알리바바 그룹의 주요 산업
(출처: 알리바바 사이트를 참고하여 필자 작성)

알리바바 클라우드를 이용하는 기업은 데이터 축적은 물론, AI 앱 개발이나, AI에 의한 딥러닝과 같은 기능도 이용 가능하다. 이미 AWS와 비교해도 손색없는 수준의 서비스 제공이 가능하다고 볼 수 있다. 알리바바 클라우드는 자체 분류로 설명하자면 19개의 '리전'(지리적으로 독립된 지역)과, 56개의 '가용 영역'(독립된 데이터 수집 거점)으로 구성되어 있다. 상당히 넓게 분포되어 제공되고 있음을 엿볼 수 있다.

자동차와 도시를 스마트화하는 '알리 OS'

알리바바는 아마존의 알렉사에 필적하는 오픈 플랫폼도 갖고 있다. 이름은 '알리 OS'. 2017년 9월에 발표된 신분야이다.

기술적인 콘셉트는 알렉사나 구글 어시스턴트와 아주 유사하다. 태블릿 등의 모바일 기기나 스피커, 가전제품, 자동차 등에 알리 OS를 탑재함으로써 스마트화할 수 있다. 다양한 사물을 IoT화하는 기본 프로그램이라고 생각해도 된다.

알리 OS의 특징은 오픈 플랫폼이라는 점이다. 제3의 사업자는 알리 OS를 이용하여 독자적인 IoT 제품, 스마트 디바이스, 서비스를 개발할 수 있다. 이러한 전략도 알렉사나 구글 어시스턴트와 방향성은 같다.

알리 OS는 중국의 자동차 메이커인 상하이 자동차가 개발 중인 자율주행 전기자동차에 탑재될 예정이다. 그 외에 미국의 포드와도 협력하여 중국 시장을 겨냥한 포드의 전기자동차에 알리 OS가 사용될 것이다. 프랑스의 푸조도 중국 현지 법인에서 전기자동차를 개발하는 데 알리 OS를 채용하고 있다.

또한, 중국 정부는 '차세대 인공지능의 개방·혁신 플랫폼'(2017년 11월)에서 AI를 국책 사업으로 지정하여 4가지 테마를 제시하고 각 테마별로 위탁 개발자를 발표하였다. 이 가운데 알리바바 그룹이 위탁받은 국책 사업은 '도시의 AI화'이다. 자율주행뿐만 아니라, 교통·수도·에너지 같은 인프라 등 도시에 관한 모든 정보를 빅데이터화하고 이 정보들을 AI로 분석하여 교통 체증의 해소, 경찰 출동이나 구급 대응, 도시계획 등 국민과 사회에 최적의 솔루션을 제공하는 것이다. 이 스마트시티의 실현에 알리 OS가 사용된다.

뿐만 아니라 알리바바 항저우 본사가 있는 알리바바 파크 주변은 알리바바 본사, 알리바바가 처음으로 실현한 최첨단 상업시설, 미래형 AI 호텔, 알리바바 사원의 주거지 등으로 구성되어 있는데, 이곳은 이미 스마트시티의 양상을 보이고 있다. 주거지의 옥상에는 전기를 생산하는 태양광 패널 등 청정에너지 생산 시설이 있다. 필자는 알리바바 파크 자체가 플랫폼이나 생태계를 실현해 보임으로써, 향후 미래 중국 도시의 모델로 발전해 나갈 것이라고 본다.

그 외에도 알리바바는 슝안 신구雄安新区(중국 정부가 허베이 성에 지정한 첨단 신도시―옮긴이) 프로젝트와 AI, 핀테크, 물류 등의 분야에서 협력할 것을 발표했다. 대중교통 프로젝트에도 진출한다. 상하이 지하철도에 AI 기술을 도입하기 위해 상하이 선퉁 지하철 그룹申通地鉄集団과 제휴하고 있다. 알리 OS는 넓고 깊게, 중국 사회에 스며들게 될 것이다.

산하에 7개의 유니콘 기업을 거느리다

지금까지 알리바바의 주요 사업 분야에 대해 개략적으로 살펴보았다. 알리바바가 아마존에 전혀 뒤지지 않는 기업일 뿐만 아니라, 몇 가지 점에서는 아마존을 웃도는 성과를 올리고 있는 것을 알아챌 수 있다.

알리바바 그룹을 자세히 관찰하다 보면 엄청난 성장세를 보이는 기업을 보유하고 있는 현실에 주목하게 될 것이다.

미국의 기업 조사 업체인 CB Insights에 의하면, 중국에는 고성장 기업의 상징인 '유니콘 기업(창업 10년 이내, 10억 달러 이상의 시가 총액을 가지는 비상장기업)'이 47곳 있는데, 이는 미국에 이어 두 번째로 많이 보유하고 있는 것이다(2017년 5월 시점). 그중에서도 알리바바 그룹에 속한 기업이 7곳이나 된다. 이를 통해 알리바바의 급성장 면모를 짐작할 수 있다.

― 06 ―

알리바바의 5요소

도·천·지·장·법에 따른 전략 분석

이어서, 아마존과 마찬가지로 5요소 분석법을 이용하여 알리바바를 분석해 볼 것이다.

알리바바의 '도'

알리바바를 설명할 때 빼놓을 수 없는 것이 그 배경에 있는 강한 사회적 사명감, 즉 5요소 중 '도'에 해당하는 부분이다.

알리바바는 2018년 9월에 있었던 '인베스터 데이'에서 자신들의 목표로 "TO MAKE IT EASY TO DO BUSINESS ANYWHERE(장소를 가리지 않고, 비즈니스를 이뤄 낸다)"를 내걸었다. 한편 창업자 마윈馬雲은 "2020년

미션 · 비전
가치 · 전략
도

미션
사회문제를 사회 인프라 구축으로 해결한다
중소기업과 소비자를 지원한다

비전
미국, 중국, 유럽, 일본에 이어
세계 5위 알리바바 경제권을 구축한다

가치

고객 제일주의	팀워크	변화
성실	열정	책임 의무

상업 인프라의 구축

인터넷 점포	오프라인 매장	미디어 & 엔터	기타

금융

물류

마케팅 서비스 & 데이터 매니지먼트

클라우드 컴퓨팅 서비스

'사회문제 해결의 기회'가
'하늘의 때'

뉴 리테일, 뉴 로지스틱스,
뉴 매뉴팩처링의 구축

하늘의 때
천

땅의 이로움
지

• 중국 시장을 '천의 시'의 기회로 잡는다
• 최첨단 기술로 사회 문제를 해결한다
• 후발자 이익에서 선도자 이익으로 전환

• 신산업 (뉴 리테일, 뉴 매뉴팩처링, 뉴 로지스 ...
• OMO=온라인과 오프라인의 융합
• 상품 유통×물류×금융 유통

리더십
장

매니지먼트
법

• 마윈의 미션 리더십
• 팀 리더로서의 리더십
(1) 명확한 목표의 공유
(2) 권한의 명확화와 권한에
동반하는 정보 공유
(3) 명료하고 이해하기 쉬운 규칙

• '플랫폼 & 생태계':
상품유통×물류×금융유통
• '사업구조': 상기
• '수익구조':
코어커머스: 85%
클라우드: 7%
미디어 & 엔터테인먼트: 7%
기타: 1%

그림 1-9 5요소 분석법으로 본 '알리바바 대전략' 분석

까지 알리바바의 유통 총액을 1조 달러까지 늘려, 미국, 중국, 유럽, 일본에 이어 세계 제5위의 경제 플랫폼을 구축할 것이다." "2036년까지 세계에서 1억 명의 고용을 창출하여, 20억 명의 소비자에게 서비스를 제공하며, 1000만 개의 중소기업이 알리바바의 플랫폼에서 비즈니스를 할 수 있도록 구축한다."라며 장대한 비전을 제시하고, 최종적으로는 "사회문제를 인프라 구축으로 해결할 것"이라고 밝히곤 했다.

필자는 "장소를 가리지 않고 비즈니스를 이뤄 낸다"라는 미션은 이러한 비전을 바꿔 말한 것이며, 알리바바의 진정한 미션은 역시 '사회문제의 해결'에 있다고 생각한다.

마윈은 지금까지 "중국을 위해" "세계를 더 나은 곳으로 만들기 위해"라는 표현을 반복해서 사용해 왔으며 대부분을 실천해 왔다.

예를 들어 알리바바가 운영하는 인터넷 전자상거래 사이트들도 중소기업의 비즈니스 인프라를 구축한다는 명분에 따른 것이다. 알리바바가 제공하고 있는 것은 사회문제를 해결하기 위한 인터넷 사이트, 사회문제를 해결하기 위한 물류 서비스, 사회문제를 해결하기 위한 금융 서비스라는 것이다.

애초에 중국은 금융, 통신, 전력, 철도 같은 기간산업을 국영기업이 맡고, 소비재 산업이나 인터넷 등의 소프트 산업은 민간 중소기업이 맡는다는 '조대방소抓大放小' 정책을 유지하며 인터넷으로 다양한 산업을 활성화하는 '인터넷+', 제조업의 고도화를 목표로 하는 '중국 제조 2025' 등의 정책을 수립해 왔다.

알리바바는 어떤 기업보다도 '중국을 위해'라는 명분을 실현하는 현대 중국을 상징하는 존재라고 할 수 있다.

알리바바의 '천'

알리바바의 '천'은 '도'와 밀접하게 연관되어 있다. '사회문제 해결을 위한 기회'가 알리바바에게는 '천'이다.

하나의 상징적인 사례를 보자. 알리바바가 T몰 등의 플랫폼을 활용하여 '파파마마 스토어'라 불리는 가족경영 영세 소매점의 디지털화에 착수했다. 2017년부터 '텐마오(T몰) 소매점'으로 지방의 파파마마 스토어를 디지털화했는데, 실질적으로는 프랜차이즈화하여 느슨한 그룹을 형성하고 있다.

알리바바의 CEO인 고야마 마코토는 중국 내 점포 600만 개 파파마마 스토어에서 수백조 엔이 소비되고 있으며, 약 8억 명의 생활을 지탱하고 있다고 적시한 데 이어, 다음과 같이 말했다.

알리바바 그룹은 해안 지역에 있는 5.5억 명의 소비자 데이터는 거의 완벽하게 파악하고 있지만, 내륙 소도시의 영세 소매점은 전혀 개척하지 못했다. 이 지역 데이터를 미리 파악해 두자는 전략에 따라 현재 600만 개 점포의 디지털화를 추진하고 있다. 지난 1년 반 동안 100만 개 점포의 완전 디지털화 작업이 끝났다. 일본에서도 약 170만 개에 달했던 슈퍼나 편의점이 100만 개로 줄어들었으며 대부분 법인화되었다. 과거 상점가 근처에서 볼 수 있던 영세 소매점들은 법인화된 슈퍼나 편의점에 의해 도태되었다. 이제 100만 개의 슈퍼나 편의점조차, 새로운 파괴자인 전자상거래에 먹히고 있다. 이에 따라 노인들의 생활 인프라는 거의 파괴되고 말았다.

중국에서는 그렇게 되지 않게 하기 위해 선도적으로 영세 소매점을 디지털화하고 있다. 알리바바 그룹은 이 영역에서 무엇이 팔리고 있으며 무엇을 필요로 하고 있는지를 파악하고 있다. 그래서 중국 국내 소도시에 있는 모든 디지털 편의점(＝옛 영세 소매점)에 비치해야 할 상품을 커버하는, 그물망 같은 물류망을 1조 엔(약 10조 원)을 투자하여 하나로 만들었다. (『기업가 클럽』 2018년 10월)

영세 소매점의 디지털화는 알리바바에게 비즈니스의 기회이자 동시에 중국의 사회문제를 해결할 기회이다. 스스로의 힘으로는 시대의 변화를 따라잡을 수 없는 영세 소매점 경영자, 그리고 그 영세 소매점을 이용하고 있는 지방 도시의 사람들에게 영세 소매점의 존속은 중요하다. 알리바바는 그러한 영세 소매점을 지원하여 중국 경제 전체를 더욱 도약하게 할 비즈니스를, 자사의 미션으로 삼아 실천하고 있는 것이다.

알리바바의 '지'

알리바바의 '지'를 한마디로 풀이하면, '뉴 리테일, 뉴 로지스틱스, 뉴 매뉴팩처링의 구축'이다.

알리바바는 2016년 말 첨단 기술 발표 행사에서 '뉴 리테일'이라는 콘셉트를 발표했다. 마윈은, 향후 10~20년 안에 종래의 온라인 비즈니스가 사라지고, 대신 첨단 기술에 힘입어 온라인과 오프라인을 융합한 뉴 리테일이 대두할 것이라고 말했다.

알리바바의 뉴 리테일 전략을 상징하는 것이, 앞서 소개한 허마이다.

허마에서는 첨단 기술을 통해 완전히 새로운 고객 경험을 제공하여 높은 인기를 끌고 있다. 또한 영세 소매점의 디지털화도, 뉴 리테일 전략의 일환이다. 알리바바는 '실물 세계×사이버 세계'라는 곱셈을 맹렬한 속도로 진행하고 있으며, 실물 세계로의 진출은 아마존보다도 훨씬 앞서고 있다고 할 수 있다.

이 새로운 세계에 더해, 현재 알리바바가 내걸고 있는 것이 '뉴 로지스틱스' '뉴 매뉴팩처링'이다.

'뉴 로지스틱스'에 대해서는 앞서 첨단 테크놀로지를 활용한 알리바바의 물류 서비스를 소개한 바 있다. '뉴 매뉴팩처링'이란, 2018년 9월 첨단 기술 이벤트에서 마윈이 강조한 새로운 콘셉트이다.

알리바바는 수요 즉 소비 측면에서 '뉴 리테일'을 수립한 데 이어, 공급 즉 제조 측면에서 '뉴 매뉴팩처링'을 내걸었다. 마윈은 이 개념에 대해, "예를 들어 5분 안에 2000벌의 같은 옷을 만드는 것보다는, 5분 안에 2000종의 다른 옷을 만드는 것이 더 중요해지는 시대가 온다."라고 설명한다. 그는 대량생산에 의한 규모의 장점(규모 확대로 얻는 이익)을 살려 비용을 줄여 온 전통 제조업은 향후 15~20년 내에 곤경에 처할 것이며, 소비자의 개성에 대응한 새로운 제조업으로 '뉴 매뉴팩처링'이 탄생할 것이라고 예측했다(『다이아몬드 체인스토어』 2018년 11월 1일).

소비자가 원한다면 단 1개라도 제품을 만들어 제공하는 뉴 매뉴팩처링은 제조업이라기보다도 서비스업에 가까운 개념이다. 이러한 것이 과연 가능할까 싶기도 하겠지만, 알리바바가 보유 중인 방대한 소비자의 빅데이터와 이를 해석하는 AI가 있으면, 소비자의 니즈를 높은 정밀도로 파

악하여 한 명 한 명의 고객에 알맞은 제품을 각각 제공하는 것이 꿈은 아
닐 것이다. 아마존이 빅데이터×AI로 '예측하는 테크놀로지'를 추구한다
면, 알리바바 역시 빅데이터×AI를 통해 제조업의 서비스업화를 추진해
갈 것으로 예측된다.

알리바바의 '장'

다음으로, 알리바바를 창업한 '장', 마윈의 리더십에 대해 살펴볼 것이
다. 아마존의 창업자인 베조스의 리더십은 언젠가 이루고 싶은 큰 꿈으
로 사람을 북돋는 '비전 리더십'이었다. 마윈의 리더십은 '미션 리더십'이
다. '중국은, 세계는 이렇게 변해야 한다'라는 사회적인 미션을 제창하여
사람을 끌어들이는 유형의 리더십으로 풀이할 수 있다.

필자는 마윈의 인물상을 알아보기 위해, 중국인 유학생이나 회사원에
게 질문해 본 적이 있다. 거기서
떠오른 키워드는 '위인' '영웅' '신'
'차이니즈 드림의 상징'이었다. 마
윈은 현대 중국인이 존경하고 영
웅시하는 대상인 게 분명했다.

이 책에서 다루는 4개의 중국
기업, BATH(바이두, 알리바바, 텐센
트, 화웨이) 중에서도 경영자로서
의 존재감은 마윈이 가장 뛰어나
다고 평가된다. "중국을 위해 인

사진 1-3 알리바바 그룹의 창업자 마윈
(출처: World Economic Forum at en.wikipedia,
CC BY-SA 3.0-https://commons.wikimedia.
org/w/index.php?curid=6419886)

프라를 정비한다." "세계를 더 좋은 곳으로 만들 것이다."라는 일관된 마윈의 자세에 많은 중국인이 끌리는 것이다.

마윈의 영향을 받아, "나도 창업을 하고 싶다." "나도 중국을 위해 일하고 싶다."라고 생각하는 중국의 젊은 기업가 숫자는 우리가 상상할 수 없을 정도로 많을 것이다. 물론 "중국을 위해 인프라를 정비한다."라는 마윈의 말은 허풍이 아니었다. 그는 자신의 말을 그대로 실현해 냈기 때문에 중국인들에게 존경받는 '신'이 되었다는 사실을 잊어서는 안 된다.

알리바바의 '법'

마지막으로, 알리바바의 비즈니스 모델과 수익구조를 확인해 보자.

한마디로 표현하면, '사회문제를 사회 인프라 구축으로 해결하기 위해, 많은 플랫폼을 구축한다'는 것이 알리바바의 비즈니스 모델이다. 또 하나 강조하고 싶은 것은, 이 비즈니스 모델이 주로 중소기업 지원을 위한 것이라는 점이다. B2B의 '알리바바', C2C의 '타오바오', B2C의 'T몰' 같은 전자상거래 사이트는 모두 해당 플랫폼에서 중소기업의 사업 활동이 용이하게 설계되어 있다.

2018년 4~6월 사이 결산 데이터로 수익구조를 보면, 알리바바는 코어커머스(핵심 비즈니스)라 불리는 사업 분야가 매출액의 86%를 차지하고 있다. 여기에는 전자상거래 이외에 허마 등의 오프라인 매장, 물류 서비스의 차이냐오 등도 포함된다. 중국에서 클라우드 서비스의 점유율 1위를 차지한 알리바바 클라우드는 이미 알리바바 매출액의 6%까지 성장했다. 그 외 디지털 미디어 & 엔터테인먼트가 7%, 기타 1%로 구성되어 있다.

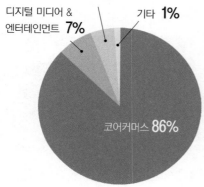

클라우드컴퓨팅 **6%**

디지털 미디어 &
엔터테인먼트 **7%**

기타 **1%**

코어커머스 **86%**

코어커머스 47%	
클라우드 컴퓨팅 −10%	
디지털 미디어 & 엔터테인먼트 −52%	
기타 −114%	

주: '영업이익'은 알리바바의 2018년 6월 보고에 따라
EBITA(이자 지불 전, 세금 공제 전, 감가상각 전 이익)를
사용

그림 1-10-1 알리바바의 수익구조
(출처: 알리바바 2018년 6월 결산을 토대로
필자가 작성)

그림 1-10-2 알리바바의 매출액 대비 영업이익률
(출처: 알리바바 2018년 6월 결산을 토대로
필자가 작성)

아마존과의 큰 차이를 확인할 수 있는 것은, 매출액 대비 영업이익률
이다(영업이익은 알리바바의 2018년 6월 결산 보고에 따라 EBITA를 사용했다). 코
어 커머스에서 47%로 큰 수익을 올리고 있지만, 클라우드 컴퓨팅(알리
바바 클라우드)은 −10%, 디지털 미디어 & 엔터테인먼트는 −52%, 기타는
−114%에 달한다.

즉 알리바바는 코어커머스로 이익을 올려, 그 이익을 다른 사업에 투자
하고 있는 것이다.

예를 들면 디지털 미디어 & 엔터테인먼트에서, 넷플릭스Netflix나 아마
존 프라임처럼 동영상 배포 사업 등 자사 콘텐츠 제작에 착수하고 있기
때문에, 선행 투자가 불어나고 있는 것이 아닌가 생각된다. 이러한 수익구
조는, 아마존이 AWS에서 얻은 이익으로 기타 영역의 낮은 이익률을 커

버하고 있었던 것과는 대조적이라 할 수 있다.

한 가지 덧붙이자면, 클라우드 서비스로는 알리바바 클라우드가 후발 주자이다. 아직 상당한 투자가 필요한 단계인 것을 감안하면, 영업이익률이 −10%라는 것은 감당할 만한 수준이라고 할 수 있다. 필자는 이것이 조만간 플러스로 변해, 언젠가는 알리바바의 실적을 견인할 것이라 예상한다.

지금까지 알리바바가 어떠한 사업을 하고 있는 기업인지 5요소 분석법으로 살펴보았다. 전체적인 이미지를 파악했으니 이제 개별적인 사안에 관해 살펴보자.

07

"신" 마윈 퇴임의 의미

중국 정부와 밀월이 끝나는가?

중국 사람들에게 "신"이라고 칭송받는 카리스마 경영자 마윈이 2018년 9월, 1년 뒤 퇴임할 것이라고 발표했다.

언론 보도에 따르면 퇴임 이후에는 회장 자리를 지금의 최고 경영 책임자인 다니엘 장Daniel Zhang에게 물려주고, 2020년 주주총회까지는 이사직에 머물면서 경영 간부로서 '알리바바 파트너십'에 계속 관여할 것이라고 한다. 원래 교사였던 마윈은 "교사란 언제나 학생이 자신을 뛰어넘기를 바란다. 그렇기에 좀 더 젊고 유능한 사람들에게 간부직을 양보하는 것이 자신과 회사에 책임감 있는 대응이다."라고 말해, 교육 세계에 돌아가고 싶다는 의향을 보였다(BBC 〈2019년 9월 알리바바의 마윈 사퇴〉).

그리고 이 퇴임 발표 이후 3개월 가까이 지난 11월 말, 놀라운 사실이 보도되었다.

중국공산당의 기관지 『인민일보』에서 중국의 경제 발전에 공헌한 100명의 리스트에 마윈을 포함시켰는데, 그 소개문에 그가 공산당원임이 기재되어 있었던 것이다.

필자는 이전부터 마윈이 미션 리더십의 사람이라고 서술해 왔다. 사업 실행 과정에서 행한 그의 말 한 마디, 한 마디에 '중국을 위해서'라는 강력한 의지가 감지되었기 때문이다. 먼저 설명했듯이, 알리바바는 최근 영세 소매점 지원 사업이나 지방 활성화 사업 등에도 손을 뻗치고 있다. 아마존 창업자인 베조스의 방식이 '데스 바이 아마존'이라 불리는 것과는 대조적이다.

사진 1-4 2019년 9월 알리바바 그룹의 총수로 취임 예정인 다니엘 장 CEO
(출처: 알리바바 그룹 사이트)

그렇기에 마윈이 공산당원이었다는 사실이 알려졌을 때, 강력한 의지의 배경이 납득된 것이다. 그의 마음 깊숙한 곳에는 중국공산당과 함께 중국의 발전을 책임진다는 기개가 깔려 있을 것이다.

그리고 이러한 배경 때문에 알리바바가 중국 정부로부터 상당히 강력하게 보호받았음이 분명하며 그것이 알리바바 성장의 원동력이 되었을 것이다.

마윈 퇴임의 진의는 누구도 알 수 없다. 다만, 퇴임이 발표되었을 때 정치적인 배경이 있는 게 아닌가 하는 이야기가 일각에서 흘러나왔다.

중국에서는 알리바바, 특히 그룹 산하 앤트 파이낸셜이 제공하는 알리페이의 영향력이 매우 커지고 있다. 일반 예금에서 알리바바 그룹 MMF로의 자금 유출 등이 문제되어 중국 금융 당국이 알리바바에 대한 규제를 강화하려는 흐름도 보이고 있다. 기존에는 중국 정부와 밀월 관계에 있었던 마윈이지만, 그런 관계에 균열이 발생하고 있는 와중에 배려 차원에서 총수 자리에서 물러나게 된 게 아닌가 하는 견해가 나왔다. 이러한 추측이 난무하는 시점에 돌연, 중국공산당은 마윈이 공산당원임을 공개한 것이다.

이 같은 발표에는 크게 두 가지의 효과가 있을 것이다.

첫째, 알리바바의 비즈니스에 큰 타격을 입히는 것이다. 중국공산당과 창업자 사이에 굵은 파이프라인이 있다면 이는 알리바바의 일본과 유럽 진출에 장애물이 될 가능성이 있다. 그렇기에 마윈 자신으로선 공산당원이라는 사실이 알려지는 것을 바라지 않았을 것이다. 뒤집어 보면, 중국 정부와 마윈 사이에 어떠한 충돌이 있었음을 추측할 수 있다. 필자는 거의 확실하다고 생각한다.

둘째, 미국과 정면 대결을 할 각오를 보여 준 것이다. 마윈이 공산당원임을 이 타이밍에서 공표한 배경에는, 미·중 무역 전쟁 나아가 미·중 신냉전도 있었을 것이다.

어찌 되었든, 이번 일련의 보도를 통해 알리바바는 중국 리스크와 불가분의 관계를 맺게 되었다. 미국에서 미국인을 위해 상품·서비스를 제공하는 것은 당분간 어려울 것이다. 또한 중국 정부에 의한 보호나 지원도 받기 어려울 것으로 예상된다.

또 일본 내 이른바 '중국통' 사이에서는, 마윈이 공산당원이었다는 사실에 대해 "중국에서 공산당원이라는 사실은 놀랄 일이 아니다."라는 지적이 있었다. 이는 해외에서 나타난 놀라움이나 실망 같은 반응과는 상당히 다른 양태이다.

중국은 공산당 일당 독재의 국가이다. 또 '공산당 규약'(특히 당원 의무 조항)을 대강 훑어보면, 당원이 이해 충돌 없이 민간 사업을 운영하는 것이 어렵다는 것을 알 수 있다. 이를 통해 마윈이 공산당원이라는 것이 왜 문제가 되는지 그 소재와 뿌리를 이해할 수 있을 것이다.

08

알리바바가 선도하는
OMO 심층 해부

아마존을 능가하는 선진성

앞에서 접한 대로, 오프라인 매장에 대한 알리바바의 선진성은 아마존을 능가한다고 할 수 있다. 마윈이 2016년 발표한 '뉴 리테일(신소매)' 개념이나, OMO의 상징이라 할 수 있는 것이 허마이다.

앞에서 설명했듯이 허마에서는 고객이 오프라인 매장에서 쇼핑하고 구입한 식재료를 그 자리에서 요리로 먹을 수 있는 즐거움이 있을 뿐만 아니라, 온라인에서 쇼핑하고 무료로 택배를 받을 수 있다는 편의성이 있다. 반대로 오프라인 매장에서 쇼핑하고 난 이후 바로 받을 필요가 없을 경우에도, 허마 앱으로 QR코드를 스캔하고 온라인 카트에 담아 놓은 뒤, 나중에 배달받는 것도 가능하다. 진정 온라인과 오프라인의 융합이다. 온라인과 오프라인의 정보가 완전히 동기화되어 있기 때문에, 오프라인 매장에 진열된 상품과 허마 앱 상에 표시되는 상품이 완전히 일치한다.

한편, 알리바바에는 현금이 아닌 신뢰성이 높은 알리페이를 특화함으로써, 상세한 구입 정보를 얻을 수 있다는 장점도 있다.

이 허마의 가치사슬모형 구조와 알리바바 그룹의 다층 구조를 정리한

가치사슬모형 구조							
가치사슬모형의 요소	상품 조달	상품 입고	고객 검토	고객 구입	결제	조리	배달	서비스
내용과 특징	표준 추소	당일 입고 당일 판매	스마트 폰 앱으로 체크	온라인 오프라인 구입 가능	기본적으로 알리페이로 결제	조리도 가능	3km × 30분 배달	CRM
빅데이터	생산자 데이터	상품 데이터 입고 데이터	검색 데이터	구매 이력	결제 데이터	기호 데이터	배송 데이터	고객 데이터

분야별 구조

식품 배달	허마 프레시 및 어러마
엔터테인먼트	유쿠
마케팅	알리마마
개인 신용정보	즈마 신용
금융	알리페이
블록체인	알리바바 블록체인
로지스틱스	차이냐오 네트워크
클라우드 컴퓨팅	알리바바 클라우드

그림 1-11 알리바바가 선도하는 뉴 리테일: 허마의 가치사슬모형 × 다층 구조

것이 그림 1-11이다. 가치사슬모형 구조란, 상품이 조달되고 점포에 입고된 이후, 소비자가 구입을 검토하고 실제로 구매하여 상품을 배송받은 뒤 사후 서비스까지 이용하는 일련의 흐름을 말한다. 이 그림을 이해하면, 알리바바가 선도하는 OMO에서 일어나고 있는 메커니즘을 보다 깊이 이해할 수 있다. 이는 단순히 '새로운 소매'가 아닌 것이다.

알리바바의 다층 구조

우선, 그룹의 다층 구조부터 찬찬히 살펴보자.

알리바바 그룹을 지탱하고 있는 것은, 다층 구조의 가장 밑바닥에 있는 클라우드 컴퓨팅 '알리바바 클라우드'이다. 알리바바 그룹의 모든 사업은, 알리바바 클라우드에서 움직이고 있다.

물류를 맡은 것은 '차이냐오 네트워크'. "중국 국내에서는 24시간 이내 반드시 배달", "세계의 물류회사와 파트너십을 맺어, 전 세계 어디서나 72시간 이내에 반드시 배달"이라는 미션을 내걸고 있는 그룹 산하 기업이다. 인터넷에서는 물류 데이터를 감시하고, 이상이 발생한 물류에 대해서는 정확한 물류의 상황 추적 서비스를 통해 즉시 제공하고 있다. 첨단 기술을 기업의 물류 정보 관리나 이상 물류의 관리에 이용하여 물류 비용 삭감이나 물류 서비스 수준 향상에 기여한다. 허마의 상품 조달 및 배송은 차이냐오의 물류 시스템이 담보하고 있다.

그리고 허마가 취급하는 신선 식품은 생산 이력 추적 관리에 '알리바바 블록체인'을 적용해 그 신선도를 담보하고 있다. 허마의 점포에서는 상품 패키지와 가격표에 QR코드가 첨부되어 있다. 스마트폰 앱으로 스캔하면 자세한 정보를 볼 수 있다.

예를 들면 육류나 야채의 경우에는 생산지, 수확일, 가공일, 입점 이력을 한눈에 볼 수 있다. 과거 많은 식품 품질 문제가 발생한 중국에서, 첨단 기술을 활용한 철저한 정보 공개는 소비자의 신뢰 획득에 크게 공헌하고 있다. 이 정도의 추적 시스템 실현은 세계에서도 흔치 않은 사례일 것이다.

허마에서의 지불은 대부분이 알리페이이다. 알리페이를 통해, 허마는 온라인뿐만 아니라 오프라인 매장에서도 '어느 고객이 언제, 어디서, 무엇을 샀는지'라는 상세한 데이터를 수집할 수 있다. 그리고 알리페이의 이용 내역 등을 바탕으로 개인에게 신용 정보를 부여하는 것이 '즈마 신용' 이다. 허마는 이 정보가 고객의 차별화에 활용될 수 있다고 판단하고 있다.

그리고 허마의 마케팅 책임자는 그룹 내 마케팅 기술 플랫폼인 '알리마마'이다. 허마에 상품을 공급하는 기업은, 알리마마를 사용해 판촉하는 것도 가능하다.

알리바바의 디지털 미디어 & 엔터테인먼트 사업의 하나인 '유쿠Youku'는 중국 최대의 동영상 배포 플랫폼이다. 허마의 프로모션에도 유쿠의 동영상이 사용되고 있다.

식품 배달 분야에는 2018년 4월 약 10조 원으로 매수한 푸드 배달업체 '어러마Ele.me'가 존재한다. 현재 허마에서의 역할은 분명하지 않지만, 어러마는 경쟁이 격화되고 있는 중국 식품 배달 사업의 추세에 비춰 볼 때, 중요한 플레이어로 부상할 것으로 예측된다. 2008년 설립된 어러마는 상하이에 본사를 두고 있다. 중국 내 2000개 도시에서 운영되고 있으며,

130만 곳의 레스토랑, 2억 6000만 명의 이용자가 등록되어 있다. 등록을 촉진하는 판촉자 수는 300만 명에 이른다.

2017년 기준에서 중국의 식품 배달업은 알리바바, 텐센트, 바이두의 3사가 경쟁하고 있었지만, 어러마의 매수로 인해 2018년 말부터 알리바바 그룹이 마켓셰어의 절반을 차지하게 되었다고 한다.

허마의 가치사슬모형 구조

다음으로 허마의 가치사슬모형 구조를 살펴보자.

허마의 가치사슬모형은 ① 상품 조달, ② 상품의 입고, ③ 고객에 의한 검토, ④ 고객에 의한 구입, ⑤ 결제, ⑥ 점포에서의 조리, ⑦ 배달, ⑧ 구입 후의 애프터서비스라는 8가지로 나눠 생각할 수 있다.

이 가치사슬모형과 허마의 비즈니스 다층 구조를 합치면, 허마가 실현하려는 '뉴 리테일' 비즈니스의 전모를 파악할 수 있을 것이다.

상품 조달의 단계에서는 알리바바가 블록체인을 이용한 모든 상품의 생산 이력 추적 관리를 통해 생산자의 데이터를 축적한다. 다음으로 상품 입고 단계이다. 앞서 허마의 온라인 주문과 오프라인 매장에서 사용한 알리페이 결제 데이터를 이용하여 모든 구매 관련 데이터를 수집하고 이를 기준으로 각 매장별 상품 입고량을 조절한다. 허마가 재고를 쌓아놓는 창고를 하나도 가지지 않고, '당일 입고, 당일 판매'에 주력할 수 있는 것은 이 때문이다.

고객이 상품을 검토할 때에는 스마트폰 앱으로 상품 정보를 본다. 온라인에는 결제 데이터가 남기 때문에, 이것도 고객의 니즈 분석에 활용할 수 있다.

반복하지만, 고객이 구입할 때에는 거의 모든 구매 관련 데이터의 취득이 가능하다. '누가, 언제, 무엇을' 샀는지 모두 정확하게 기록·분석할 수 있기 때문에, 종래 POS 데이터와 비교할 수 없을 만큼 의미가 있다.

고객이 매장에서 조리를 희망하면, 허마는 고객의 기호 데이터도 취득할 수 있다. 이러한 데이터는 입고할 상품의 종류와 양을 보다 정밀하게 예측하는 데 활용될 수 있다.

배달에서는 점포로부터 3km 이내 거리라면 30분 이내에 무료로 배달하는 네트워크를 구축하고 있다. 이 또한 배송 관련 데이터의 축적이 가능하다. 향후 알리바바 그룹이 '라스트 원 마일'의 완성이라는 과제에 대해 보다 유효한 패를 찾아내는 데 도움이 될 것이다.

이 모든 단계별 흐름이 실현하고 있는 것은 고객 한 명 한 명과의 관계를 지속하는 '고객 관계 관리Customer Relationship Management: CRM'이다.

디지털 전환의 실현

허마의 메커니즘을 분석하면, '디지털 전환Digital Transformation'이라는 말의 의미를 구체적으로 이해할 수 있다. 디지털 전환이라는 말은 다양하게 설명할 수 있다. 일본 경제산업성이 2018년 9월 발표한 「디지털 전환 리포트」에서는 "기업이 외부 생태계(고객, 시장)의 파괴적인 변화에 대응하면서 내부 생태계(조직, 문화, 종업원)의 변혁을 견인하고, 제3의 플랫폼(클라우드, 모빌리티, 빅데이터/애널리스틱스, 소셜 테크놀로지)을 이용하여 새로운 제품이나 서비스, 새로운 비즈니스 모델을 만들어서 인터넷과 실물 경제의 양면에서 고객 경험의 변화를 도모함으로써 가치를 창출하고 경쟁의 우위를 확립하는 것"이라는 IT 전문 조사 회사 IDC Japan의 정의를 인용하고 있다.

허마에 대해 알기 전에 이 문장을 읽고 구체적인 이미지가 떠오른다는 독자는 그리 많지 않을지 모른다. 하지만 허마가 일으키고 있는 비즈니스의 변혁이야말로 디지털 전환의 실천이라고 한다면, 그 의미를 이해할 수 있을 것이다.

허마의 '뉴 리테일' 'OMO 슈퍼'라는 한 가지만 본다면, 알리바바가 실현하고 있는 비전을 과소평가해 버릴 가능성도 있다. 알리바바는 허마의 핵심 분야인 신선 식품뿐만 아니라, 의류나 가전 등 생필품 분야에서도 보다 강력한 디지털 전환을 일으킬 것이다.

필자는 최근 알리바바 광저우 본사 인근 건물 지하 1층에 있는 최신예 허마를 방문했다. 뉴 리테일뿐만 아니라 스마트시티 구상 전체를 커버하는 허마의 전략적인 중요성을 목도하고 위협을 느꼈다. 도시 전체와 강력한 콘텐츠 분야 양쪽을 디지털로 전환하는 것이 알리바바의 방식이다.

제2장

애플 vs 화웨이

플랫포머와 하드웨어 메이커,
'쇼크'를 어떻게 극복할 것인가

제2장에서는 스마트폰 메이커로 미국과 중국에서 큰 존재감을 보이고 있는 애플과 화웨이華為技術를 다룬다. 스마트폰 개발을 포함한 '제조업'으로 시작한 두 회사이지만, 이후 사업 전개나 목표에는 큰 차이가 있다. 한마디로 말하면, 플랫포머냐 하드웨어 메이커냐 하는 것이다.

애플은 아이폰이라는 단말기뿐만 아니라 iOS도 장악했다. 애플 엔지니어가 전 세계에 앱을 제공·판매하기 위한 플랫폼을 구축한 것이다. 한편으로 화웨이는 일관되게 '세계 최첨단 기술을 자랑하는 하드웨어 메이커'의 길을 걷고 있다.

두 회사의 현황과 전략, 그리고 2018년부터 2019년까지 각각 큰 충격—애플은 실적의 하향 수정으로 주가 하락, 화웨이는 부회장 체포로 인한 세계 동시 주가 하락—을 겪은 두 회사의 장래는 앞으로 어떻게 될 것인지, 최근 동향과 함께 분석하고자 한다.

— 01 —

애플의 사업 현황

제조업 + 플랫포머

애플에 대해 분명한 기업 이미지를 갖고 있는 사람은 많다.

아이폰이나 아이패드, 아이맥 등, 우수한 디자인을 보유한 제품군에는 뿌리 깊은 팬들이 많다. 애플의 신제품 발표회는 세계의 주목을 받아서 각국의 언론사에서도 대대적으로 보도한다. 뿐만 아니라 아이폰이나 맥북, 그리고 음악 스트리밍 서비스인 애플 뮤직의 사용자로서 독자들 또한 많은 관심을 기울이고 있을 것이다.

그러나 애플이 어떠한 사업 전략을 취하고 있는지, 새삼 질문을 받으면 설명이 궁해진다. 따라서 우선 애플의 전체 면모를 정리해 보려고 한다.

세계에서 처음으로 시가 총액 1조 달러 초과

현재 스마트폰은 전 세계 사람들의 생활에 깊게 파고들어, 스마트폰 없이 생활하는 일은 생각할 수조차 없을 정도로 보급되어 있다. 그 스마트폰 중에서도 한층 더 큰 존재감을 보이고 있는 것이 바로 세계에서 연간 2억 대씩 팔리고 있는 애플의 아이폰이다.

아이폰은 2007년 시판된 이후부터 애플의 실적을 이끌고 있다. 이를 바탕으로 애플은 2018년 8월 전 세계 기업 중에서 처음으로 시가 총액 1조 달러를 넘어섰다. 2007년 당시와 비교하면 주가는 12배나 뛰었다. 주식 시장에서 애플의 기업 가치는 지금까지 나온 기업들 가운데 가장 높게 평가받고 있다.

한때 애플의 회사명은 '애플 컴퓨터'로, 매킨토시McIntosh, Mac라는 이름을 가진 컴퓨터를 만드는 메이커였다. 지금은 라인업을 크게 확충하고 있지만, '제조업 기업'이라는 점은 일관되게 바뀌지 않고 있다.

2001년에 하드디스크를 탑재한 휴대 음악 플레이어 아이팟을, 2007년에는 아이폰을, 2010년에는 태블릿 단말기 아이패드를 발매했다. 그리고 각각의 경우에 애플 제품은 휴대 음악 플레이어 시장이나 스마트폰 시장, 태블릿 단말기 시장을 이끌어 왔다.

애플이 항상 시장을 리드할 수 있었던 데는 이유가 있다. 애플은 단순한 단말기를 만들어 판 것이 아니라, 새로운 디지털 라이프스타일을 창안했다. 예를 들어 아이팟의 경우, 애플은 사용하기 편한 휴대 음악 플레이어를 판매했을 뿐만 아니라 무료로 아이튠즈라는 관리 소프트를 제공하고 아이튠즈를 통해 음악 데이터 전송 서비스를 제공했다. 즉 '듣고 싶을 때 듣고 싶은 음악을 사서, 언제 어디서든 들을 수 있다'라는, 당시로선 획기적인 디지털 라이프스타일을 내놓은 것이다. 음악 시장에 파괴적인 혁신을 일으켰다고 할 수 있다.

이러한 애플의 제안은 애플의 디자인에 대한 고집이나 애플이 가장 중요시해 온 사용자 경험User Experience을 배경으로 열광적인 애플 마니아를 탄생시켰다.

애플을 여타 단말기 제조사와 동렬로 비교할 수 없는 것은, 이러한 애플의 태도가 브랜드 가치로서 높게 평가받고 있다는 사실에 근거한다.

아이폰으로 이중 이익을 얻다

브랜드 가치가 높게 평가되고 있는 아이폰은 다른 메이커의 스마트폰과 비교했을 때 이익률이 매우 높은 것이 특징이다. 여타 스마트폰이 치열한 가격 경쟁을 벌이는 와중에, 애플은 충분한 이익이 나오는 가격으로 아이폰을 판매하고 있다.

세계 스마트폰 시장의 출고 대수를 보면, 2017년 4~6월 1위는 한국의 삼성으로 약 7800만 대를 출고했으며 애플은 약 4100만 대로, 삼성의 절반에 불과한 출고량을 보였다. 그러나 애플이 아이폰의 판매로 얻은 이익은, 어마어마하게도 스마트폰 업계 전체 이익의 91%를 차지한다. 즉 세계 스마트폰 시장의 이익은 애플이 독점하고 있는 상황이다(『IT 빅4 애플, 아마존, 구글과 페이스북은 우리의 미래를 어떻게 바꿀까?』, 고쿠보 시게노부小久保重信 지음).

또 한 가지 아이폰이 다른 스마트폰과 다른 점은 iOS를 탑재하고 있다는 점이다.

여타 스마트폰은 대부분 구글의 스마트폰 OS인 안드로이드를 탑재하고 있다. 안드로이드 스마트폰의 사용자 대부분은 구글이 운영하는 앱스토어 '구글 플레이'로 안드로이드 앱을 다운로드하여 스마트폰 기능을 이용하고 음악이나 게임 등의 콘텐츠를 즐긴다.

즉, 안드로이드 스마트폰의 플랫포머는 구글이다.

그 점에서, 애플은 아이폰이라는 단말기뿐만 아니라 iOS도 틀어쥐고 있는 셈이다. 아이폰 사용자는 애플이 운영하는 '앱스토어App Store'에서 앱을 다운로드한다. 즉, 애플은 단순히 스마트폰만 제조하는 것이 아니라 전 세계의 앱 개발자가 앱을 제공·판매하기 위한 플랫폼을 구축하고 있는 것이다.

아이폰이나 아이패드용 앱을 판매할 경우, 앱 개발자는 애플에 판매 금액의 30%를 수수료로 지불해야 한다. '단말기를 팔고 끝'인 여타 스마트폰 제조회사와는 비즈니스 모델이 전혀 다르다는 것을 알 수 있다.

앱스토어나, 음악 스트리밍 서비스 '애플 뮤직' 등의 애플 서비스 부문 매출액은 2016년 9월 243억 달러였으나, 2018년 9월에는 371억 달러까지 증가했다.

스마트폰 보급이 급속도로 진행되고 교체 사이클 기간도 길어지면서 아이폰의 판매 기세도 둔화되는 흐름이 나타나고 있다. 그러나 애플은 그러한 시장 환경을 눈여겨보면서 향후 서비스 부문의 확장을 목표로 하고 있다.

— 02 —

애플의 5요소

도·천·지·장·법에 따른 전략 분석

애플의 전체 면모를 개략적으로 파악했으니, 애플의 도, 천, 지, 장, 법을 살펴보자. 그림 2-1을 참고하길 바란다.

애플의 '도'

애플은 아마존이나 페이스북처럼 미션을 명시하고 있지 않다. 그러나 브랜드에 대한 개념은 명확하다. 광고에서는 "리드하다", "재정의하다", "혁명을 일으키다" 같은 메시지를 내세워 애플이 목표로 하는 세계관을 표현하고 있다.

또한 TV 광고에서 사용된 "Think different(다르게 생각하라)" "Your

미션·비전
가치·전략

도

미션 & 비전
"Think Different"
사물을 보는 방식을 바꾸다
자신만의 생각을 가지다 그것을 돕다
리드하다 재정의하다
혁명을 일으키다

기업 전략
심플 ✕ 미니멀 ✕ 사람을 위해
디자인 중시: 디자인이 제품의 출발점
플랫폼이나 생태계의 구축

마케팅 전략(STP)
자기 자신의 철학·마음·신념을 가지는 고객에게
혁신적인 디지털 라이프스타일을 제공한다

마케팅 전술(4P)
• Product	디자인 중시–디자인이 제품의 출발점
• Price	프리미엄 프라이싱
• Place	직영점 애플스토어 중심
• Promotion	심플하고 통일된 브랜드 스토리 중심

"Your Verse"
'삶을 풍요롭게 하다'

"Make it accessible and
ultimately personal"
'디지털 라이프스타일'

하늘의 때
천

'메가테크에
하늘의 때가 도래'
• AI · AR
• 웨어러블
• 스마트 글라스
• 자동운전
• 의료 · 건강

애플
코퍼레이트 브랜딩
애플샵 브랜딩
제품 브랜딩
셀프 브랜딩

팀 쿡의 좌뇌형 조직 구성
경영에 의해 수입이 계속 증가하는
한편으로 서서히 각자의 독자적인 개성이나
다양성을 중시하는 리더십×매니지먼트도
발휘되고 있는 상황

P
심플×
미니멀한
고속의 PDCA
A D
C

땅의 이로움
지

'플랫폼, 생태계 대결'
• 스마트폰
• 스마트 홈
• AI · AR · 웨어러블
• 스마트 글라스 · 자동운전

스티브 잡스
팀 쿡
조너선 아이브

리더십
장

✕

매니지먼트
법

• 스티브 잡스의 우뇌형 카리스마 경영부터
 팀 쿡의 좌뇌형 조직 구성 경영으로 전환
• 파괴적인 혁신으로부터 지속적 혁신으로 이행
• 철저한 비밀주의
• 애플스토어에서는 참여나 권한 부여 중시
• 애플 대학 경영간부의 육성

• 디자인 중시의 프로세스
• 하드, 소프트, 콘텐츠, 클라우드,
 직영 점포의 사업 운영
• 제품 · 하드로 압도적인 이익을 올리는 수익구조,
 사업구조
• 거대한 가치사슬모형을 사내외에 형성
• 스마트폰 등에서는 플랫폼이나 생태계를 형성

그림 2-1 5요소 분석법으로 본 '애플 대전략' 분석

Verse(당신 인생의 시)" 등의 문구가 인상에 남았다는 사람도 많다.

이 문구에서 알아챌 수 있는 것은 '응원'이다. 애플은 제품이나 서비스를 통해서 사람이 각각의 관점을 가지고, 자기 자신답게 사는 것을 응원하고 싶어 한다. 애플이 갖고 있는 '자신답게 사는 것을 지원한다'라는 강한 신념은 애플의 사명감이라고 해도 될 만하다고 필자는 생각한다.

애플의 사명감은 2011년 세상을 떠난 창업자 스티브 잡스의 의지에 따른 것으로 보인다. 잡스는 한때 애플에서 쫓겨나기도 했다. 잡스 복귀 직후인 1997년에 공개된 애플 광고에 나타난 문구가 "Think different"였다. 광고에는 아인슈타인, 존 레논, 파브르 피카소와 같은 세상을 바꾼 천재들의 영상과 함께, 다음과 같은 내레이션이 흘렀다.

사진 2-1 애플사의 창업 경영자, 스티브 잡스
(출처: Matthew Yohe at en.wikipedia, CC BY-SA 3.0-https://commons.wikimedia.org/w/index.php?curid=16889201)

미친 자들을 위해 축배를, 부적응자들, 반항아들, 사고뭉치들, 네모난 구멍에 박힌 둥근 말뚝 같은 이들, 세상을 다르게 바라보는 사람들, 그들은 규칙을 싫어합니다. 또 현실에 안주하는 것을 원치 않습니다. 당신은 그들의 말을 인용할 수도 있고, 그들에게 동의하지 않을 수도 있으며, 또는 그들을 찬양하거나 비난할 수도 있습니다. 왜냐하면 그들이 세상을 바꾸기 때문입니다. 그들은 인류를 앞으로 나아가도록 합니다. 어떤 이들은 그들을 보고 미쳤다고 합니다. 하지만 우리는 그들을 천재로 봅니다. 자신이 세상을 바꿀 수 있다고 믿을 만큼 미친 자들, 바로 그들이 실제 세상을 바꾸기 때문입니다. (『스티브 잡스』, 월터 아이작슨 지음)

이 광고에는 애플이 자사의 제품이나 서비스를 통해 사회에 제시하고자 하는 철학이 담겨 있다. 잡스가 떠난 후에도 지금의 CEO 팀 쿡Tim Cook은 이 철학을 지니고 애플을 경영하고 있다.

일반적으로 기업의 브랜딩에서 가장 중요한 것은, '경영자나 창업자 등의 개인이 발하는 메시지'='셀프 브랜딩'이다. 그들의 의지나 신념이 사회 전체, 제품이나 서비스, 점포 등에 침투하고 이것이 강한 브랜드를 형성한다. 이 점에서 애플은 잡스의 강렬한 메시지, 그것을 계승하는 쿡, 잡스의 신념을 제품에 계속 승화시켜 온 최고 디자인 책임자 조너선 아이브 Jonathan Ive(2019년 하반기에 애플을 떠나겠다고 발표했다—편집자)의 수완을 통해 지금도 여타 하이테크 기업을 압도하는 강력한 브랜드 파워를 유지하고 있는 것이다.

애플의 '천'

애플에게 '천'은, 사람이 각각의 관점을 갖고, 자신답게 살아가는 것을 지원할 기회라고 할 수 있다.

예를 들면 애플이 아이팟과 아이튠즈라는 플랫폼을 구축하여 음악 전송 서비스를 시작했을 때, 혹은 애플 뮤직으로 음악 스트리밍 서비스에 참여했을 때, 그러한 서비스에서 제시된 새로운 디지털 라이프스타일은 사람들을 보다 자유롭게 만들었다고 할 수 있다. 기술 혁신에 의한 통신 속도의 향상과 더불어 음악업계가 CD 판매로부터 음원 제공, 나아가 스트리밍 서비스로 진출하며 음악 콘텐츠의 새로운 수익 모델을 모색해 온 것이 애플에게는 자신의 철학을 관철하기 위한 '기회'로 작용한 것이다.

애플의 '지'

애플의 '지'는 아이폰과 iOS의 플랫폼 구축, 플랫폼 생태계(비즈니스 생태계)의 확립이다. 애플의 비즈니스 모델이 이것이다.

iOS에서 작동하는 앱은 애플의 심사를 거치지 않으면 앱스토어에 공개할 수 없다. 심사를 거쳐 공개된 앱은 판매액의 30%를 애플에게 수수료로 지불해야 한다. 무료 제공이나 유료 구독의 경우에도 일정 비율의 수수료를 지불해야 한다. 플랫폼에서 앱을 개발하는 개발자는 수백만 명이고 앱 이용자는 10억 명 이상이다. 애플에 의하면, 앱스토어는 "흥분과 활기가 넘치는 장소로 성장"하고 있다.

애플의 '장'

애플의 현재 CEO는 쿡이지만, 우선 창업자인 잡스에 대해 이해할 필요가 있다. 잡스가 수백 년에 한번 나올 만한 천재인 것은 의심의 여지가 없다. 하지만 역사상의 혁명가들이 그렇듯 극단적인 인격의 소유자였다. 잡스가 공인한 평전『스티브 잡스』에서는 다음과 같은 일화를 소개한다. 거래처 기업으로부터 칩 공급이 늦어질 뻔한 사건이 있었을 때, 잡스가 느닷없이 미팅 자리에 쳐들어와서는 "빌어먹을 고자 자식들!Fucking dickless assholes!"이라고 고함쳤다. 이후 납기 기한 내 칩을 납품한 그 회사 간부는 '팀 FDA'라는 글자가 새겨진 재킷을 만들었다고 한다.

사진 2-2 애플의 현재 CEO, 팀 쿡
(출처: Austin Community College at flickr, CC BY 2.0–https://www.flickr.com/photos/accdistrict/36802131535)

잡스는 또한 뛰어난 프레젠터이자 마케터였다. 『스티브 잡스 프레젠테이션의 비밀』에서, 저자 카민 갈로Carmin Gallo는 잡스의 프레젠테이션에 대해 "도파민을 방출시키는 힘이 있다."라고 평했다. 잡스의 프레젠테이션은 많은 사람들을 열광시켰다. 애플 제품에 대한 기대치를 높였을 뿐만 아니라, 애플의 브랜드 가치 향상에도 기여했다.

제품 제조에서는 편집증적이라 할 수 있을 정도로 세부적으로 심혈을 기울였다. 잡스는 보이지도 않는 회로 기판의 칩조차 깔끔하게 정리하라고 다그쳤다고 한다. 이러한 인물을 대신할 사람은 아무도 없을 것이다.

잡스와 비교해 지금의 CEO 쿡은 '평범한 사람'이라는 인상을 지울 수 없을 것이다. 그러나 쿡 또한 우수한 경영자이며 적절한 카리스마를 갖추고 있다.

경영자에게는 우뇌 관념 유형의 카리스마 경영자와, 좌뇌 조직가 유형의 경영자가 존재한다. 이를 토대로 말하면 잡스는 틀림없이 우뇌형이고, 쿡은 우뇌와 좌뇌 둘 다 뛰어난 밸런스형이다. 이 같은 밸런스 감각을 살린 덕인지는 몰라도, 쿡은 '잡스의 후계자'라는 무거운 중압감을 받으면서도 애플이라는 세계적 메가테크 기업의 CEO 역할을 톡톡히 해내고 있다. 쿡이 지닌 '조직력을 향상시키는 능력'은 잡스에게는 없었던 것이다. 이는 절대적으로 높게 평가되어야 할 부분이다.

또한 쿡은 CEO 취임 후 게이 커밍아웃으로, 미국의 다양성이나 자유주의의 상징적인 존재가 되었다. 지금은 쿡 자신이 애플의 가치가 되어, 독자적인 리더십과 경영 능력을 발휘하게 되었다. "그는 여성이나 인종, LGBT(Lesbian, Gay, Bisexual, Transexual 레즈비언, 게이, 동성애, 트렌스섹슈얼—

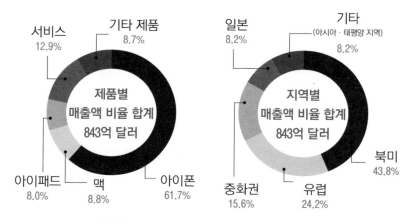

그림 2-2 애플의 제품별 매출 비율과 지역별 매출 비율(2019년도 제1사분기)
(출처: 애플 2019년도 제1사분기 결산 자료를 토대로 필자 작성)

옮긴이) 고용 문제에 진지하게 임하고 있다. 또한 개인의 프라이버시 보호나 규칙을 지지하고, 테크놀로지의 과다 사용에 대해서도 일부 시정했다." "쿡은 사회적으로 올바른 것, 기업과 사회, 나아가 인류의 지속 가능한 발전을 추구하고 있다."(마츠무라 타로松村太郎, 『주간 동양 경제』 2018년 12월 22일)라는 평가도 있다. 쿡은 혁명적이라고 할 수 없지만, 그 또한 천재적인 경영자임에 분명하다.

애플의 '법'

마지막으로 애플의 수익구조를 살펴보자.

애플은 하드, 소프트, 콘텐츠, 클라우드, 직영점 등의 사업을 운영하고 있는데, 주요 매출은 하드웨어 제품에서 올리고 있는 것이 특징이다.

애플의 2019년 제1사분기의 매출 내역을 보면, 매출의 61.7%를 아이폰에서 올렸다. 그에 이어 서비스 부문은 12.9%, 아이맥이 8.8%, 아이패드가 8.0% 순이었다. 또한 애플의 매출액을 지역별로 보면, 북미가 43.8%, 유럽이 24.2%, 중화권이 15.6%, 일본이 8.2%, 기타 아시아·태평양 지역이 8.2%로 되어 있다(그림 2-2).

미·중의 대립이 격화되는 가운데, 중국 내 미국 제품의 인기 하락, 애플 제품의 인기 하락이 향후 어떠한 영향을 미칠지 주목할 필요가 있다.

2019년 1월에는 '애플 쇼크'가 시장을 덮쳤다. 애플사는 2018년 연초부터 10~12월의 매출을 하향 수정하고, 나아가 그해 가을부터 시판한 신형 스마트폰 생산량을 당초 계획에서 10% 정도 줄인다고 발표했다. 이 때문에 애플의 주가는 급락했다.

이러한 '애플 쇼크'에 대해, 필자는 애플이 새로운 플랫폼을 정착시킬 때까지는 애플 매출의 하락세가 당분간 이어질 것으로 생각한다. 이에 대해서는 후술하겠다.

— 03 —

브랜드 가치로 본 애플

프리미엄 브랜드 뛰어난 가치

여기서 필자의 전문 영역 중 하나인 마케팅 브랜드론으로 애플을 분석해본다.

브랜드에는 ① 창업자나 경영자가 직접 만든 셀프 브랜딩, ② 상품·서비스를 대상으로 하는 상품 브랜딩, ③ 기업 전체를 대상으로 하는 코퍼레이트 브랜딩이 있다. 미국 메가테크 기업 4사의 공통점은 코퍼레이트 브랜딩이 뛰어나다는 점이다.

한편으로, 해당 기업이 제공하고 있는 상품 그 자체가 브랜드화되고 있는지, 특히 프리미엄 브랜드(통상적인 상품보다도 브랜드 가치가 높고, 가격도 높은 프리미엄 가격으로 판매 가능한 상품)까지 되었는지를 놓고 보면, 4개사

중에서도 애플이 가장 뛰어난 것으로 풀이된다.

그림 2-3은 래더링Laddering이라는 프레임워크로 애플의 아이폰을 대표적인 예로 삼아 브랜딩을 분석한 것이다. 우수한 브랜드는 명칭부터 뛰어나다. 속성(특정이나 실적), 기능 가치, 정서 가치, 브랜드 가치에 이르기까지 모든 계층에서 고객의 가치 평가가 우수하다.

우선 대표 브랜드 아이폰iPhone의 'i'에는 다양한 의미가 담겨져 있다. 소문자로 시작하는 이름은 위화감이 들어 저절로 주목받게 되며, 전체적으로 명쾌한 톤과 발음을 갖고 있다. 그리고 무엇보다 i에는 '나' '나의'

그림 2-3 아이폰의 브랜딩 분석

'나답게'라는 의미와 브랜드 가치까지 담겨 있다.

　속성에서는, 본인 확인 수단으로 페이스ID(애플이 개발한 얼굴 인식 시스템), 플랫폼의 앱스토어, 보유 중인 디바이스끼리 동기화할 수 있는 아이클라우드, 스마트폰의 각종 특징, 그리고 나중에 자세히 설명할 헬스 케어 관리 기능 등을 꼽을 수 있다.

　각각 제품의 기능 가치, 정서 가치는 광고나 광고 문안 같은 프로모션에서 나오는 것이 아니라, 제품 속성에서 우러나온다는 점이 중요한 포인트이다. 기능 가치로는 CX(고객 경험)=CI(고객 인터페이스)가 사용하기 편하다는 것, 정서 가치로는, 실제 사용해 보니 '자랑스럽다, 신뢰할 수 있다'는 기분이 든다는 것을 들 수 있다.

　마지막으로 아이폰은 '나다운 라이프스타일을 유지한다', '나의 라이프스타일이나 기분에 맞는 고품질의 스마트 기기를 나답게 스마트하게 사용하고 싶다'는 고객 가치를 제공하고 있다. 애플이 아이폰에 대한 철학·생각·신념을 가지고 있듯이, 자신의 일이나 라이프스타일에 철학·생각·신념을 갖고 싶다고 생각하는 사람, 이것이 애플의 목적이며 존재 이유이다.

─ 04 ─

프라이버시 중시에 대한 고집

'애플은 AI에서 뒤처지고 있는가?'

메가테크 8개사 가운데 유독 애플의 행보가 눈에 띈다. 바로 고객의 프라이버시를 중시하여 개인 데이터를 이용, 활용하지 않겠다고 선언한 사실 때문이다. 'IoT×빅테이터×AI' 시대에 소비자들로부터 축적한 빅데이터를 이용하지도 활용하지도 않는다는 것이다. 이는 향후 AI 전략에도 큰 영향을 미친다. 실제로 애플이 AI 개발 경쟁에서 뒤처지고 있다고 자주 지적되고 있다.

'뒤처지고 있다는 것에 대한 변명으로 개인 데이터를 이용·활용하지 않겠다고 말하고 있을 뿐'이라는 비판도 있다. 그러나 필자는 애플의 프라이버시 중시 입장이 '나답게 살길 바란다'라는 애플다운 사명감이나 가치관에서 비롯되었다고 생각한다.

확실히, '협력 필터링'이라는 AI 알고리즘에 따르는 아마존은 소비자에게 흥미 있는 상품을 추천해 달라는 메일을 발송하곤 한다. 반면, 애플은 소비자에 대하여 일률적으로 상품·서비스 소개 메일을 보내기 때문에 센스가 없다고 이따금 느끼기도 한다. 그러나 개인적인 데이터가 다양한 방면에서 테크놀로지 기업에게 넘겨지는 경우가 늘어나고 있는 상황에서, 애플의 자세는 향후 재평가될 것으로 본다.

필자 자신은 오랜 기간 애플의 제품을 애용해 왔다. 현재는 페이스ID를 탑재한 아이폰 X, 일반적인 아이패드와 아이패드 프로, 그리고 애플 워치 시리즈 4를 동기화해서 사용하고 있다. 애플의 제품이니까 사용하고 있는 기능도 적지 않다.

그중에서도 으뜸인 것이 아이폰 X와 아이패드 프로에 탑재된 페이스 ID이다. 한편으로 사생활이 거기에 기록되어 남을 수 있다고 의식하는 경우도 꽤 있다. 그럼에도 필자가 이들 제품을 사용하고 있는 이유는, 애플이 개인 데이터를 이용하거나 활용하지 않을 것이라는 신뢰와 믿음 때문이다.

결제 앱은 업무상의 요청으로 자주 사용한다. 그중 쓸 만한 결제 앱은 스마트폰에 설치하기도 한다. 필자가 자주 사용하고 있는 것은 애플 워치를 단말로 하는 '애플 페이×Suica'이다. 시계의 오른쪽에 있는 버튼을 두 번 클릭하면 결제 화면이 나타난다. 이어 결제 기기의 리더기에 대면 결제가 진행된다. 편의점, 택시나 JR, 지하철 등에서 이용하는 데, 정말로 신속하고 쾌적하다.

물론, 편리성 이상으로 중요한 것은 역시 애플의 신뢰성이나 안정성이다.

자신의 신용카드 정보를 제공하고, 또한 은행 계좌까지 연결하여 금융 거래를 한다면, 신용할 수 없는 기업에는 맡길 수 없다. 애플에 대한 신뢰가 여기서 입증되는 것이다.

애플 워치 시리즈 4부터 ECG(심전도) 계측도 할 수 있다. 이제 사실상 '의료기기'라 불리는 수준으로 진화하였다. 이 기능에 대해서는 후술하겠지만, 개인의 중요한 건강 관련 의료 데이터를 맡길 수 있는 것도 역시 신뢰할 수 있는 애플이기 때문이다(2019년 3월 기준으로 이 기능은 일본에서 쓸 수 없다).

업무상 출장 때의 작업은 컴퓨터보다 아이패드 프로를 쓰는 사례가 많아지고 있다.

결제는 애플 페이×Suica
'금융 거래를 맡길 수 있는
신뢰할 만한 기업'

**건강 관리는 애플 워치의
심전도 계측**
'자신의 의료 데이터를 맡길
수 있는 신뢰할 만한 기업'

업무는 아이패드 프로
'업무의 정보를 맡길 수 있는
신뢰할 만한 기업'

금융 서비스, 의료 서비스, 업무 서비스 등에서 신용이 보다 중요해지는 가운데, 개인정보를 이용하거나 활용하지 않겠다고 선언한 애플을 재평가하는 움직임이 나타날 가능성이 높다.

그림 2-4 '신용도'에서 우수한 애플

이처럼 업무상의 중요한 정보를 저장할 수 있는 것도 애플이 신뢰할 수 있는 기업이라는 인식 때문이다.

이상은 어디까지나 필자 개인의 사례이다. '그런 건 딱히 신경 쓰지 않으니까, 어쨌거나 더 편리한 생활을 하고 싶다'라고 생각하는 사람도 적지 않을 것이다. 하지만 금융 서비스, 의료 서비스, 업무 서비스 등에 대한 개인정보 보호가 점점 중요시되는 상황이므로, 신뢰성과 안정성을 내세우는 애플을 재평가할 움직임이 나올 가능성이 높지 않을까 예상한다.

— 05 —

메디컬 비즈니스의 플랫포머로

애플 워치는 이제 의료기기이다

스티브 잡스가 세상을 떠난 후 애플은 실적이나 주가가 크게 오르고 있다. 한편으로, 혁신이라는 관점에서 보면 다소 지체되고 있다는 시각도 많다. 예전처럼 파괴적인 혁신을 일으키는 것은 어려울 것이라는 지적도 있다. 이에 대해 필자는 아이팟으로 음악 시장을 파괴한 애플이, 앞으로는 애플 워치로 헬스 케어 시장을 파괴할 수 있다고 예측한다.

앞서 언급했듯이 애플 워치는 시리즈 4부터 심전도 계측 기능을 탑재했다. 이를 통해 사실상 의료기기라고 할 수 있는 수준까지 헬스 케어 서비스를 진전시켰다.

관련 하드웨어는 새로운 단계에 돌입하여, 건강 및 의료 관리용 웨어러블wearable 기기의 기능을 강화하는 단계로 진전되고 있다. 실제 애플은 미국 FDA(미국 식품·의약품 안전청)로부터 제한적인 의료기기 취급 인가도 취득했다.

이를 구체적으로 설명하겠다. 아이폰을 사용하는 사람 중에서 '헬스 케어'라는 기본 탑재 앱을 사용하는 소비자들이 적지 않다. 보통 스마트폰이라면 '충전' '운동 시간' 등이 표시되는데, 애플 워치를 이용할 경우 심박수, 심박 변동 등도 아울러 표시된다. 이상 수치가 나타나면 실시간으로 메시지가 의료기관에 보내진다. 바로 '건강 관리'로부터 '의료 관리'로까지 진화하고 있는 것이다. 심전도 기능은 이제 애플의 헬스 케어 전략의 하나로 기능하게 되었다.

그림 2-5는, 현재 공개되어 있는 정보를 이용해 애플의 헬스 케어 전략의 미래를 분야별로 정리한 것이다.

분야별 구조의 저변에서는 헬스 키트Health Kit가 자리잡고 있다. 이는 애플의 헬스 케어 전략으로, 스마트 헬스 케어의 생태계이다. 여기에는 애플 워치나 아이폰 등의 애플 제품에서 취득한 개인 의료·건강 데이터와 병원 네트워크 정보 등이 축적된다. 이미 공개되어 있는 건강 관리 앱 '헬스 케어'는 이용자 스스로 데이터를 체크할 때뿐만 아니라, 향후 의료기관들 사이에서 건강 의료 정보를 주고받을 때 사용할 수 있다.

애플은 이 생태계를 자사 제품에는 물론이고, 많은 기업들이 진출할 헬스 케어 관련 IoT 기기 제품군에 오픈 플랫폼으로 공개할 것으로 생각된다. 앞으로 애플 워치나 아이폰은 스마트 헬스 케어의 플랫폼으로 성장할 것이며, 다양한 헬스 케어 관련 상품, 서비스, 콘텐츠가 개발될 것으로

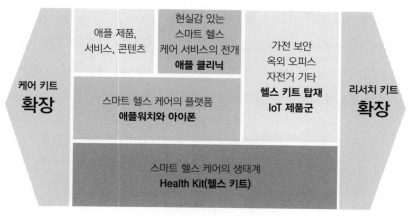

스마트 헬스 케어의 플랫폼으로서의 **애플 워치**
스마트 헬스 케어의 생태계로서의 **헬스 키트**

케어 키트 확장	애플 제품, 서비스, 콘텐츠	현실감 있는 스마트 헬스 케어 서비스의 전개 **애플 클리닉**	가전 보안 옥외 오피스 자전거 기타 **헬스 키트 탑재 IoT 제품군**	**리서치 키트 확장**

스마트 헬스 케어의 플랫폼 **애플워치와 아이폰**

스마트 헬스 케어의 생태계 **Health Kit(헬스 키트)**

그림 2-5 애플의 헬스 케어 전략을 예측한 도표

보인다. 이것이 앞서 언급한 대로 애플이 구축하는 새로운 플랫폼이다.

또한, 애플은 헬스 케어 관련 앱 개발의 플랫폼으로 '케어 키트^{CareKit}'를, 헬스 케어 관련 리서치 플랫폼으로 '리서치 키트^{ResearchKit}'를 이미 개발해 놓았다. 필자가 보기에 애플은 스마트 헬스 케어의 생태계로 헬스 키트를, 스마트 헬스 케어의 플랫폼으로 애플 워치나 아이폰을 기축으로 삼아, 사실상 병원 또는 클리닉인 '애플 클리닉'을 만들어 가고 있다. 애플은 이미 자사 제품도 살릴 겸 해서 사원용 클리닉을 운영하고 있다는 사실은 알려져 있다. 사원용 클리닉에 대해 애플은 사원용으로 고속 PDCA를 돌려 준비하고 있다가 시기가 오면 일반 소비자용으로 확대할 가능성이 높다.

애플은 애플 워치에 기존 심전도 기능 이외에, 혈압 측정 기능, 혈당치 측정 기능까지 탑재할 계획을 갖고 있는 듯하다.

의료에서도 첨단 기술이 중요하다는 것은 말할 것도 없다. 플랫폼 대결을 벌이는 구글이나 아마존도 헬스 케어 분야에서는 얕볼 수 없는 상대이다. 마지막으로 지적해 두고 싶은 점은 의료 분야의 생태계나 플랫폼에서 가장 중요한 포인트는 신뢰성과 안정성이라는 것이다.

06

화웨이의 사업 현황

'화웨이 쇼크'만으로는 보이지 않는 것

이어서 중국 기업 화웨이를 분석해 보자. 화웨이 기술은 2018년 제2사분기와 제3사분기에 스마트폰 출고대수에서 애플을 제치고 세계 두 번째 스마트폰 메이커로 자리 잡는다는 목표 아래 애플과 격전을 벌이고 있다.

요즘 화웨이에 대한 미디어의 보도가 늘어나고 있다. 2018년 12월 멍완저우孟晚舟 부회장 겸 최고재무책임자CFO가 불법 금융 거래 혐의로 미국의 요청을 받은 캐나다 당국에 의해 체포된 이후, 세계 미디어들이 대대적으로 보도하고 있다. 이 '화웨이 쇼크'를 계기로, '도대체 어떤 회사인가'에 관심을 가지게 된 사람도 많을 것이다.

그러나 단편적인 뉴스만으로는 좀처럼 그 실태를 들여다볼 수 없다. 화웨이가 무엇을 하고 있는 회사인지, 왜 이 정도로 이목이 집중되고 있는지, 먼저 전체적인 면모를 설명하겠다.

세계 최고의 이동통신 설비 메이커

미국 매사추세츠 주에 본부를 둔 시장 조사 회사인 TDC가 발표한 수치를 보자. 이에 따르면, 글로벌 시장의 스마트폰 출고대수 점유율로는 2018년 제3사분기에 한국 삼성전자가 20%로 1위, 화웨이는 15%로 2위, 애플은 약 13%로 3위였다. 제4사분기에는 삼성이 약 18.7%로 1위, 애플이 약 18.2%로 2위, 화웨이가 약 16.1%로 3위를 차지했다. 일본에서도 스마트폰 판매 데이터를 보면 애플, 샤프에 이어 화웨이가 3위를 기록했으며, 10% 정도의 점유율을 보였다. 이 때문에 화웨이에 대해 '스마트폰 등의 모바일 기기 메이커'라고 생각하는 사람도 많을 것이다.

그러나 더 정확하게 표현한다면, '세계 최첨단 기술을 자랑하는 하드웨어 메이커'라고 할 수 있다.

화웨이가 강점을 보이는 분야는 이동통신 설비 쪽이다. 출고대수는 스웨덴의 에릭슨을 추월하여, 세계 1위이다. 매출의 약 50%는 통신사업자 대상의 네트워크 사업에서 올리고 있다. 일본에서도 소프트뱅크가 화웨이 기지국을 채용한 실적이 있다.

이동통신 설비로 노키아나 에릭슨을 제치고, 스마트폰으로는 애플을 제치고 있으니, 하드웨어 메이커로서 화웨이의 경쟁력은 강력하다. 그 힘의 원천은 어디에서 유래하는가?

셴카이빈沈才彬이 쓴 『중국 신흥 기업의 정체』에 의하면, 화웨이의 강점은 '지속적인 거액의 연구 개발 투자'에 있다. 화웨이는 매년 매출의 10% 이상을 계속 연구 개발에 돌리고 있다. 2017년 연간 연구 개발비는 14조 8000억 원에 이르렀다(2017년도 연례 보고서). 이 규모는 애플이나 도요타의 연구 개발비를 웃도는 수준이다.

또한, 18만 명의 글로벌 사원 중 연구 개발 요원이 8만 명 이상으로, 전체 사원의 45%를 차지한다. 이러한 체제 아래 화웨이는 국제 특허를 다수 출원했다. 건수로는 2014년과 2015년에 세계 1위, 2016년 세계 2위를 기록했다. 2015년에는 화웨이가 사용한 애플 특허 건수는 98건인 데 비해, 애플이 이용한 화웨이 특허 건수는 769건인 것으로 집계됐다. 화웨이의 높은 기술 개발력을 짐작할 수 있다.

예전에는 '중국 메이커는 해외 기업의 흉내만 낼 뿐'이라는 고정관념을 가진 사람도 적지 않았다. 사실 화웨이도 그 역사를 되돌아보면 해외 제품을 모방해 성장한 전력이 있다. 그러나 현재 화웨이의 기술력은 '세계 첨단'이라 칭해도 손색없는 수준에 와 있다.

클라우드 분야에 주력

이동통신 설비, 스마트폰 제조 이외에 최근 화웨이가 힘을 쏟고 있는 분야는 아마존 AWS와 같은 클라우드 서비스이다. '클라우드 사업'을 주력 분야로 잡은 시점은 2017년이다. 화웨이의 CEO는 "세계 4대 클라우드의 하나가 되겠다."라고 선언하고 선도 기업인 아마존, 마이크로소프트, 구글 3개사를 맹렬히 추격하는 중이다.

화웨이에 의하면, 포춘 글로벌 500대 기업(미국 경제 전문 잡지 『포춘』이 매년 발표하는 세계 기업 순위) 중 211사가 화웨이의 클라우드 서비스를 이용하고 있는 등 착실하게 실적을 늘리고 있다.

5G 연구로 선두를 달리다

화웨이의 미래에 대해서 설명하자면 2020년 상용화될 것으로 보이는 차세대 이동통신 규격 '5G'를 빼놓을 수 없다. 5G란 한마디로 말하자면 '고속', '대용량', '저지연', '동시 다수 접속'을 가능하게 하는 통신 인프라 기술이다.

인터넷에 다양한 사물이나 디바이스가 접속되는 IoT 시대에는, 기존의 통신 인프라인 3G나 4G로는 속도나 용량 면에서 도저히 따라갈 수 없다. 최대 데이터 송수신 속도는 4G가 1Gbps인 데 비해, 5G는 초당 20Gbps이다. 지연 시간의 경우 4G는 10ms이지만, 5G는 1ms, 동시 다수 접속은 4G가 1제곱킬로미터당 10만 대인 것에 비해, 5G는 100만 대이다. 다시 말해 5G는 4G에 비해 '20배의 속도', '10분의 1 지연', '10배의 접속 가능 대수' 능력이 있다는 것이다. 게다가 사용자의 체감 속도는 4G의 100배가 된다고 한다.

5G로 통신 환경이 극적으로 향상된다면 우선 현장감 넘치는 영상 전송이 가능해진다. 예를 들어 스포츠의 3차원 실시간 중계가 실현되면, 다른 장소에 있어도 경기장에서 관전하고 있는 듯한 현장감을 맛볼 수 있다.

VR이나 AR을 통해 물리적으로 떨어져 있는 사람끼리도 마치 같은 공간에 있는 것처럼 회의를 여는 것이 가능하다.

5G 통신으로 원격 조작이 가능한 단말기를 사용한다면, 의사가 원격

외과수술을 하거나 숙련된 목수가 원격으로 집 짓는 일도 더 이상 꿈 같은 일이 아니다.

물론, 자율주행에서 5G는 발군이다. 도로를 달리는 각종 자동차의 데이터 수집이나 자동차 간의 데이터 통신 등도 5G 없이는 생각할 수 없다. 고속으로 이동하는 자동차의 안전한 자율주행은 지연이 거의 없는 데이터 통신 없이는 실현할 수 없는 첨단 기술이다.

이처럼 5G는, 바로 '차세대'의 체험을 우리들에게 가져다주는, 다양한 가능성을 내포하고 있다. 이 책에 등장하는 메가테크 기업들의 경우에도 기본 베이스에 5G라는 차세대 통신이 있기 때문에 전략을 세울 수 있는 분야가 적지 않다.

차세대 이동통신 인프라의 패권을 노리는 것이 영향을 미쳤나?

앞서 설명한 대로 화웨이는 이동통신 설비 분야에서 세계 1위 기업이다.

도쿄대학 대학원 에사키 히로시江崎浩 교수는 방송 인터뷰에서 화웨이의 연구 능력에 대해 "5G의 연구 개발로는 세계의 선두를 달리고 있다."라고 답했다(후지TV 〈프라임뉴스 이브닝〉 2018년 12월 11일). 세계 각국의 5G 인프라가 정비되어 가는 과정에서 화웨이의 존재감은 매우 클 수밖에 없다.

그러나 5G는 화웨이에게 양날의 칼이 될 수도 있다. 차세대 이동통신 인프라의 패권을 노릴 기회이기도 하지만, 이에 위협을 느끼는 세력으로부터 강력한 반발을 초래하는 원인도 되고 있다. 그리고 이것이 '중국 리스크'가 실제 표면화된 '화웨이 쇼크'의 근본 원인이라는 견해도 있다.

2018년 미국과 일본을 포함한 미 동맹국에서 표면화된 사건, 다시 말해 화웨이가 제조한 이동통신 설비나 스마트폰을 배척하려는 움직임, 그리고 이러한 급변하는 환경이 화웨이에게 미칠 부정적 영향에 대해서는 후술하고자 한다.

— 07 —

화웨이의 5요소

도·천·지·장·법에 따른 전략 분석

화웨이에 대한 전체 면모를 개략적으로 파악했으니, 이제 이 회사의 도, 천, 지, 장, 법을 살펴보자. 그림 2-6을 참고하길 바란다.

화웨이의 '도'

화웨이는 '명확한 비전과 미션'으로 "모든 사람, 가정, 조직에 디지털화의 가치를 제공하고, 모두가 연결되는 지능적인intelligent 세계를 실현한다."를 들고 있다.

화웨이의 연례 보고서를 보면, 이 미션과 관련한 CEO의 의지가 분명히 나타나 있다.

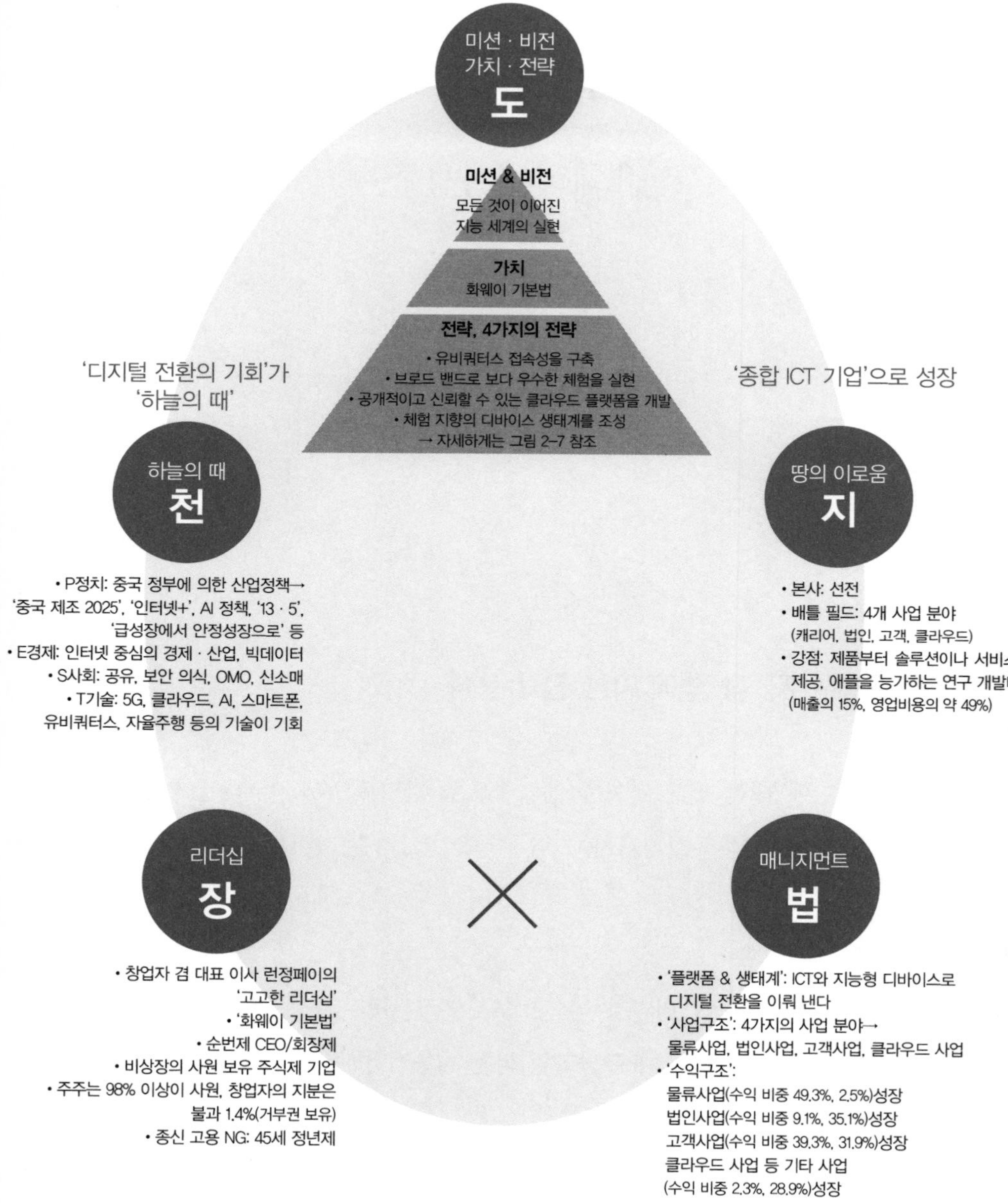

미션 · 비전
가치 · 전략
도

미션 & 비전
모든 것이 이어진
지능 세계의 실현

가치
화웨이 기본법

전략, 4가지의 전략
• 유비쿼터스 접속성을 구축
• 브로드 밴드로 보다 우수한 체험을 실현
• 공개적이고 신뢰할 수 있는 클라우드 플랫폼을 개발
• 체험 지향의 디바이스 생태계를 조성
→ 자세하게는 그림 2-7 참조

'디지털 전환의 기회'가
'하늘의 때'

'종합 ICT 기업'으로 성장

하늘의 때
천

• P정치: 중국 정부에 의한 산업정책→
'중국 제조 2025', '인터넷+', AI 정책, '13 · 5',
'급성장에서 안정성장으로' 등
• E경제: 인터넷 중심의 경제 · 산업, 빅데이터
• S사회: 공유, 보안 의식, OMO, 신소매
• T기술: 5G, 클라우드, AI, 스마트폰,
유비쿼터스, 자율주행 등의 기술이 기회

땅의 이로움
지

• 본사: 선전
• 배틀 필드: 4개 사업 분야
(캐리어, 법인, 고객, 클라우드)
• 강점: 제품부터 솔루션이나 서비스
제공, 애플을 능가하는 연구 개발비
(매출의 15%, 영업비용의 약 49%)

리더십
장

매니지먼트
법

• 창업자 겸 대표 이사 런정페이의
'고고한 리더십'
• '화웨이 기본법'
• 순번제 CEO/회장제
• 비상장의 사원 보유 주식제 기업
• 주주는 98% 이상이 사원, 창업자의 지분은
불과 1.4%(거부권 보유)
• 종신 고용 NG: 45세 정년제

• '플랫폼 & 생태계': ICT와 지능형 디바이스로
디지털 전환을 이뤄 낸다
• '사업구조': 4가지의 사업 분야→
물류사업, 법인사업, 고객사업, 클라우드 사업
• '수익구조':
물류사업(수익 비중 49.3%, 2.5%)성장
법인사업(수익 비중 9.1%, 35.1%)성장
고객사업(수익 비중 39.3%, 31.9%)성장
클라우드 사업 등 기타 사업
(수익 비중 2.3%, 28.9%)성장

그림 2-6 5요소 분석법으로 보는 '화웨이의 대전략' 분석

사람들이 사용하는 수십억의 디바이스에서부터 유비쿼터스ubiquitous(언제 어디서나 어떤 단말기로든 각종 콘텐츠를 자유자재로 이용할 수 있는 네트워크 환경—옮긴이) 목적의 산업용 센서까지 모든 사물이 감각과 이성, 지각 능력을 갖게 되면, 물리적 세계와 디지털 세계의 경계는 없어지고, 대량의 데이터가 쉴 새 없이 생성될 것이다.

사람을 연결하고 이어 모든 사물을 연결함에 따라, 대규모 데이터의 해석이나 응용에 새로운 가능성이 탄생할 것이다. 전 세계에 클라우드 데이터가 전파되고 엣지 컴퓨팅이 보급되면, 대규모 데이터를 토대로 한 새로운 사업의 기회가 올 것이다. 이에 따라 모든 산업 분야는 응용 기술을 발전시키고 혁신을 일으키며, 기업은 잠재 능력을 발휘하게 될 것이다.

이같은 비전과 미션에 따라 화웨이가 제공하는 스마트폰은 더욱 발전할 것이다. 특히 앞으로 한층 더 보급될 IoT, 그들을 연결시키는 차세대 이동통신망 5G, 수집되는 대량의 데이터를 처리하는 클라우드 서비스, 향후 다양한 기업이 보급할 VR이나 AR 관련 서비스는 급속도로 발전할 것이다. 화웨이는 이같은 미래 '지능적인 세계'의 실현을 목표로, '지능적인 세계를 실현하기 위한 하드웨어'를 가열차게 공급할 것이다.

화웨이의 '천'

화웨이는 "모든 사람, 가정, 조직에 디지털화의 가치를 제공"하는 것을 미션으로 하고 있다. 이런 기회야말로 화웨이의 '천'이라 할 수 있다.

이와 관련해 주목해야 할 것은 화웨이가 "디지털 격차를 해소하기 위

한 작업을 계속적으로 추진하고 있다."라고 언급한 점이다. 화웨이 연례
보고서에 따르면, 화웨이는 세계에서 30억 명 가까운 사람들에게 제품이
나 서비스를 제공하고 있다. 이 가운데에는 개발도상국이나 오지가 많이
포함된다.

사실 화웨이는 한때 마오쩌둥이 실천한 '농촌에서 시작하여 도시를 포
위하는 전략'을 참고하여, 경쟁 기업이 감히 손을 못 대고 있는 농촌 지역
시장을 개척함으로써 존재감을 높여 온 이력을 갖고 있다. 앞에서 소개
한 책 『중국 신흥 기업의 정체』에 따르면, 화웨이는 먼저 도시 주변에서
서서히 세력을 확대하여, 도시를 포위한 다음 도시의 점유율 획득을 꾀
하고 있었다.

중국 국내뿐만 아니라, 해외 진출 시에도 이같은 전략으로 점유율을
확대하고 매출을 늘려 가고 있다. 화웨이는 개발도상국에서 성공을 거둔
이후 유럽 시장으로 사업을 확대해 갔다. '디지털 격차의 해소'는 실로 화
웨이에게는 '천'에 해당한다.

그리고 앞으로는 세계에서 진행되는 디지털 전환이 화웨이의 '천'이
다. 화웨이는 향후 업계 동향에 대해 "지능의 새로운 시대는 바로 턱밑
까지 다가왔다.""효율화나 품질 개선, 제품의 다양화, 보다 개인에 맞춰
진personalized 서비스가 모든 사람들에게 보다 풍요로운 삶을 가져올 것이
다."라고 전망한다. 추상적인 표현이지만, 화웨이가 구체적으로 어떠한 세
계관을 말하고 있는지는 아마존이나 알리바바에서 해설한 내용을 상기
하면 쉽게 이해할 수 있다.

물론 여기서 말하고자 하는 것은 화웨이가 아마존이나 알리바바, 다

음 장에서 설명할 페이스북 또는 텐센트처럼 서비스를 제공하고자 한다는 것이 아니다. 현재 전 세계적으로 디지털 전환이 급속히 진행되고 있다. 화웨이는 그에 필요한 인프라나 디바이스를 제공할 기술력을 충분히 보유하고 있으며, 실력을 완전히 발휘할 각오를 다지고 있다. 하지만 여타 메가테크 기업과는 확실히 다르다.

화웨이의 '지'

화웨이의 연례 보고서에서는 비전, 미션에 대해 언급하면서 "화웨이는 기술에 대한 투자를 계속 늘리고 있으며, 그 초점은 확실하다. 우리가 해야 할 것과 그렇지 않은 것을 명확하게 이해하고 있다."라고 썼다. 그리고 화웨이가 구상하는 "우리가 해야 할 일"을 보면, 'ICT 인프라와 지능형 디바이스에 주력'할 것이라고 명기되어 있다(그림 2-7).

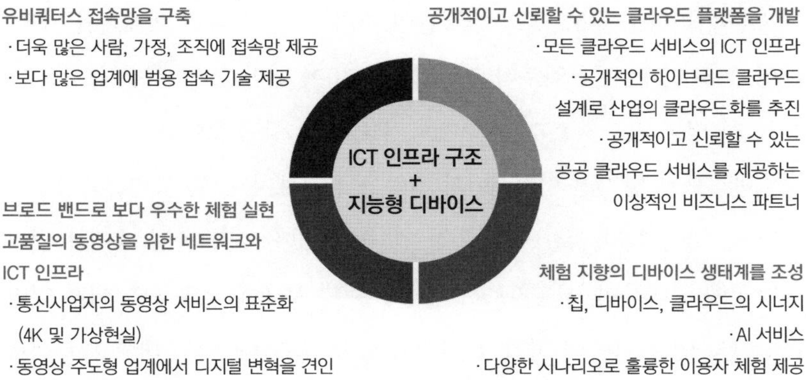

유비쿼터스 접속망을 구축
·더욱 많은 사람, 가정, 조직에 접속망 제공
·보다 많은 업계에 범용 접속 기술 제공

공개적이고 신뢰할 수 있는 클라우드 플랫폼을 개발
·모든 클라우드 서비스의 ICT 인프라
·공개적인 하이브리드 클라우드
설계로 산업의 클라우드화를 추진
·공개적이고 신뢰할 수 있는
공공 클라우드 서비스를 제공하는
이상적인 비즈니스 파트너

ICT 인프라 구조 + 지능형 디바이스

브로드 밴드로 보다 우수한 체험 실현
고품질의 동영상을 위한 네트워크와
ICT 인프라
·통신사업자의 동영상 서비스의 표준화
 (4K 및 가상현실)
·동영상 주도형 업계에서 디지털 변혁을 견인

체험 지향의 디바이스 생태계를 조성
·칩, 디바이스, 클라우드의 시너지
·AI 서비스
·다양한 시나리오로 훌륭한 이용자 체험 제공

그림 2-7 화웨이의 비전, 미션, 전략
(출처: 화웨이의 「연례 보고서 2017」)

ICT 인프라란 이동통신 설비 기업에 공급하는 ICT 솔루션과 주력 분야인 클라우드 서비스 등을 말한다. 지능형 디바이스라는 것은 스마트폰 등을 가리킨다고 할 수 있다. 즉 화웨이는 스스로를 하드웨어 메이커로 위치시키고 있다. 이는 여타 메가테크 기업이 빅데이터나 개인정보의 수집에 열을 올리며 플랫폼 경쟁에 주력하고 있는 것과는 크게 다른 점이다.

화웨이의 '장'

화웨이의 '장'을 분석하려면 창업자 런정페이任正非에 대해 먼저 이해할 필요가 있다.

런정페이는 겉으로는 경영 일선에서 물러난 것으로 되어 있으나, 일반적으로 화웨이는 '런정페이의 회사'로 알려져 있으며 거대 기업으로서 화웨이의 존재 방식에도 런정페이의 생각이 짙게 반영되어 있기 때문이다.

물론, 런정페이에 관한 정보는 알려진 것이 별로 없다. "그는 일관되게 매스컴과 거리를 두고 있고, 한결같이 자기 갈 길만 가는 독재적인 사장"이며, 1987년에는 "창업부터 오늘날까지 30여 년간, 그를 직접 취재한 기자는 한 명도 없다."(『중국 신흥 기업의 정체』)라고 할 정도이다.

일반적으로 알려진 런정페이의 경력을 살펴보자. 그는 충칭건축공정학원(현재는 충칭대학과 통합)을 졸업한 엔지니어이다. 대학 졸업 후에는 인민해방군에 입대하여, 기술자로서 공병基建工程兵 부대에 소속했다. 이후 인민해방군의 인원 감축에 따라, 국유기업에 전속되었다. 이후 대형 프로젝트에 손댔다가 실패하자 회사에 있을 수 없게 되었고, 동료 5명과 함께 화웨이를 창업했다. "아무도 채용해 주지 않았기 때문에 어쩔 수 없이 창업에 나섰다."라고 말했다고 한다.

세계가 IT 버블로 인한 주식 폭락으로 들끓고 있을 때였다. 화웨이가 중국 전자업계의 최대 기업으로 성장하고 있던 2001년경 런정페이는 사내 잡지에 「화웨이의 겨울」이라는 글을 발표했다.

사진 2-3 화웨이의 창업자, 런정페이
(출처: cellanr at flickr, CC BY-SA
2.0- https://www.flickr.com/photos/
rorycellan/14101800091/)

10년 동안 나는 매일 실패에 대한 것만을 생각해 왔다. 성공은 봐도 못 본 척하고, 영예나 긍지도 느끼지 않고, 오히려 위기감만을 껴안아 왔다. 그렇기 때문에, 화웨이는 10년간 성장할 수 있었을지도 모른다. 실패하는 날은 반드시 찾아온다. 우리는 그것을 맞이할 마음의 준비를 해 놔야 한다. 이는 나의 흔들리지 않는 견해이며 역사의 법칙이기도 하다. (『중국 신흥 기업의 정체』)

이러한 사실을 통해서나, 또는 런정페이가 쓴 글을 읽다 보면, 허례허식을 좋아하지 않는 견실한 인물을 떠올리게 된다. 필자는 런정페이를 '고고한 리더십'의 소유자라고 생각한다.

화웨이의 '법'
화웨이의 사업영역은 '통신사업자 대상의 네트워크 사업', '법인 대상의

ICT 솔루션 사업', '소비자 대상의 단말기 사업', '클라우드 사업' 4가지로 분류된다.

통신사업자를 대상으로 하는 네트워크 사업에서는 이동통신 설비를 제조·판매할 뿐만 아니라, IoT나 클라우드 등의 솔루션을 제안, 서비스 제공 등에 의한 '가치 주도형의 네트워크 구축'을 목표로 하고 있다.

법인 대상의 ICT 솔루션은 정부나 공공 사업 외에 금융, 에너지, 운수, 제조 등 모든 업종의 기업·단체들을 상대한다. 이들에게 클라우드, 빅데이터, 데이터 센터, IoT 제품과 솔루션을 제공하고 있는 것이다.

소비자 대상 단말기 사업에서는 스마트폰이나 태블릿, 노트북, 웨어러블 기기 이외에 '스마트 홈 생태계'에도 진출하고 있다. 아마존 알렉사 등의 타사 AI 보조 기능을 탑재해 제품·서비스를 스마트화하는 것이다.

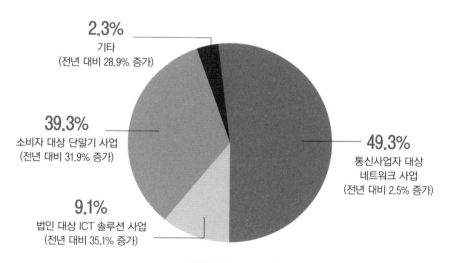

2.3%
기타
(전년 대비 28.9% 증가)

39.3%
소비자 대상 단말기 사업
(전년 대비 31.9% 증가)

9.1%
법인 대상 ICT 솔루션 사업
(전년 대비 35.1% 증가)

49.3%
통신사업자 대상
네트워크 사업
(전년 대비 2.5% 증가)

그림 2-8 화웨이의 2017년도 매출 내역

클라우드 사업은 2017년 신설된 사업 유닛이다. 그 이전에도 클라우드 서비스를 다루고 있었지만, 굳이 클라우드를 주력 사업 중 하나로 선택한 점에서 화웨이의 의지를 감지할 수 있다.

2017년도의 매출 내역을 보면, 수익구조는 '통신사업자 대상 네트워크 사업'이 49.3%, '소비자 대상 단말기 사업'이 39.3%, '법인 대상 ICT 솔루션 사업'이 9.1%, '기타'가 2.3%로 되어 있다. 이 중 성장이 가장 두드러진 것은 법인 대상의 ICT 솔루션 사업으로 전년 대비 35.1%의 성장세를 보였다. 소비자 대상 단말기 사업도 전년 대비 31.9%로 꾸준히 매출이 늘고 있다.

―― 08 ――

타사에는 없는 3가지 특징

화웨이의 전체 면모를 대략 살펴보았으니 이제 이 회사에 대해서 알아야 할 포인트 몇 가지를 소개하겠다.

독자적인 사원 소유 주식 제도

첫째는 화웨이의 주주 구성이다. 화웨이는 창업 이래 비상장을 유지하고 있다. 독자적인 사원 소유 주식 제도로서 주식의 98% 이상은 '화웨이홀딩스주식회사조합'이 보유하고 있다. 이를 통해 임직원 가운데 약 8만 명이 화웨이 주식을 가지고 있다. 창업자인 런정페이는 개인 주주로서 이 조합을 통해 출자하고 있는데, 그 비율은 총 주식의 1.4%에 지나지 않는다.

이러한 구조에 대해 화웨이는 "임직원의 공헌과 성장을 회사의 장기 발전에 효과적으로 일치시켜, 화웨이의 계속적인 성장을 촉진한다."(「연례 보고서 2017』)라고 설명했다. 확실히 '주주=사원'이라면, 주주로의 이익 환원이 이뤄지면서 사원의 사기 양양으로 이어질 것이다.

CEO 순번제

둘째는 2011년 도입된 '교대 CEO 제도'이다. 화웨이에는 3명의 부회장이 있는데 이 3명이 6개월 임기로 순번대로 CEO를 맡는 제도이다. CEO가 순서대로 교대하는 기업은 필자가 알기로 화웨이밖에 없다. 이 독특한 제도에 대해 런정페이는 2011년에 낸 연례 보고서에서 다음과 같이 설명했다.

> 화웨이는 지식과 고객으로부터 받는 평가를 재산으로 삼는 기업이며, 기술 투자를 최우선으로 삼고 있다. 그렇기 때문에 기술의 역동성과 시장의 변동성을 고려해야 한다. 이런 이유로 당사는 소수의 경영자가 교대로 CEO 직무를 맡는다는 CEO 순번제를 적용하고 있다. 수많은 업무를 처리하고, 깊은 통찰력을 갖추면서 올바른 방향으로 이끌어 간다는 것은 한 명의 CEO에게만 기대할 수 없다. 그보다는 복수의 CEO가 순서대로 맡는 편이 효과적이라고 당사는 생각한다. (『중국 신흥 기업의 정체』)

물론, 런정페이 자신도 CEO의 직함을 가지고 있다. 아마도 평소 업무상의 처리는 교대 CEO가 맡고 있으며, 중요한 전략적인 판단의 경우 런정페이도 깊이 관여하고 있을 것이다. 참고로, 대표이사 의결 과정에서 런정페이는 거부권을 가지고 있다. 다른 대표이사 전원이 찬성하는 안건이라도 런정페이가 NO라고 하면 부결된다. 주주 구성이나 교대 CEO 제도만을 본다면, 런정페이는 제일선에서 물러난 것처럼 보이지만 실제로는 실권을 확실하게 쥐고 있다는 것을 짐작할 수 있다.

화웨이 기본법

세 번째는 '화웨이 기본법'이다.

화웨이는 1998년에 총 6장, 64개조로 구성된 '화웨이 기본법'을 만들었다. 그 구조를 정리한 것이 그림 2-9이다.

화웨이 기본법은 저명한 경영학자 피터 드러커의 이론을 참고로, 런정

그림 2-9 '화웨이 기본법'의 구조

페이의 경영 철학을 가미한 것이다. 찬찬히 뜯어보면 드래커뿐만 아니라, 저명한 경영학자인 필립 코틀러의 마케팅 이론의 영향도 찾아볼 수 있다. 미국·유럽의 기업 전략과 마케팅의 요점이 경영학의 교과서라 할 만큼 충실하게 담겨 있다.

화웨이 기본법에는 미션, 비전, 가치관은 물론, 경영 전략, 기능 전략까지 명확하게 적시되어 있다. 이것이 화웨이 조직력의 원천이라고 볼 수 있다.

예를 들면, 제1조 '목표'에는 "화웨이는 세계 일류의 설비 공급자가 되기 위해 정보 서비스업에는 영구히 참여하지 않는다."라고 명기되어 있다(『화웨이의 기술과 경영』 이마미치 유키오今道幸夫 지음). 이 항목에서 화웨이의 사업영역을 확실하게 규정하고 있다는 것을 알 수 있을 것이다. 제2조는 임직원에 관한 내용이다. "성실하게 책임을 지고 유효하게 관리하는 임직원은 화웨이의 최대 재산이다. 지식을 존중하고, 개인을 존중하며, 집단으로 노력하고, 영합하지 않고 성과를 내는 임직원이 우리 사업이 지속적으로 성장할 수 있는 내적 요건이다." 화웨이가 어떤 인재나 팀워크의 모습을 요구하고 있는지를 엿볼 수 있다.

제3조는 기술에 대한 내용이다. "세계 전자 정보 분야의 최신 연구 성과를 광범위하게 흡수하고, 국내외 우수한 기업으로부터 솔직하게 배우고, 자주 독립의 기초 위에 선진적인 기본 기술 체계를 개방적인 협력 관계로 발전시켜, 우리의 탁월한 제품이 세계의 통신 열강 속에 우뚝 서게 한다." 엔지니어 런정페이로 돌아보는 화웨이의 비전이나 가치관을 볼 수 있는 내용이다.

필자는 전 세계 수많은 기업을 대상으로 전략을 분석하고 그 분석 대상 기업에 대해 폭넓게 자료를 수집하고 있지만, 이러한 성격의 내용은 다른 기업에서는 거의 찾아볼 수 없다.

물론 많은 기업들은 중기 경영 계획을 정리하거나, 미션이나 비전에 맞게 5~10년 단위로 재조정하는 작업을 진행하고 있다. 그러나 화웨이 기본법의 경우 1998년에 제정한 이후 한번도 내용이 바뀐 적 없다. 그럼에도 그 내용은 낡은 티가 전혀 나지 않는다. 그만큼 보편적이고 중요한 내용이 과함이나 빠짐 없이 적혀 있다는 것은 놀라운 일이다. 여기에 화웨이라는 거대 기업의 비밀이 있는 것 아닌가 생각된다.

— 09 —

메가테크 경쟁에서 앞으로의 입지

플랫폼 비즈니스의 다층 구조 분석

런정페이의 독자적인 경영 수법에는 진정 놀랄 만한 부분이 적지 않다. 지금까지 살펴본 바, 이동통신 설비로는 세계 1위, 스마트폰으로는 세계 2위의 자리를 걸고 애플과 각축을 벌이는 입지에 오른 화웨이의 존재감은 메가테크 중에서도 크다고 할 수 있다. 그러나 미국과 중국의 여타 메가테크 기업과의 경제권을 둘러싼 대결 양상을 염두에 두면서 화웨이를 분석해 보면, 화웨이는 의도적으로 제한된 입지에서 승부를 걸고 있는 것으로 보인다. 스스로 자신의 입장을 한정시키고 있다는 느낌이다.

그림 2-10은 메가테크 각 기업이 전개하는 플랫폼 비즈니스의 대략적인 구조를 나타낸 것이다. 이 구조에서 화웨이가 큰 점유율을 확보하고

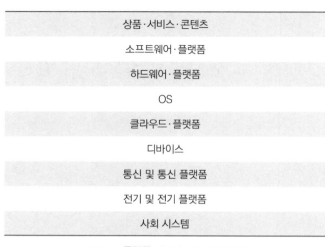

| 상품·서비스·콘텐츠 |
| 소프트웨어·플랫폼 |
| 하드웨어·플랫폼 |
| OS |
| 클라우드·플랫폼 |
| 디바이스 |
| 통신 및 통신 플랫폼 |
| 전기 및 전기 플랫폼 |
| 사회 시스템 |

그림 2-10 플랫폼 비즈니스의 분야별 구조

있는 분야는 '통신 및 통신 플랫폼(이동통신 설비)'과 '디바이스(스마트폰)'이다. 화웨이가 제조하고 있는 것은 안드로이드 스마트폰이기에, OS나 소프트, 앱 등 분야에는 관여하고 있지 않다.

그러나 필자는 플랫폼과 생태계의 패권 대결에서 OS나 소프트웨어, 앱 등이 좀 더 중요한 분야가 될 것으로 예상한다. 예를 들면 먼저 설명한 바와 같이, 애플은 스마트폰에서 OS와 소프트, 앱 등을 장악하고, 하드 분야에서 아이폰으로 수익을 올리는 비즈니스 모델을 구축하고 있다. 애플은 화웨이에 스마트폰 점유율을 빼앗기고 있으나 스마트폰 사업의 수익구조는 훨씬 탄탄하게 유지하고 있다. OS나 소프트웨어, 앱이 더 중요하다는 것을 입증하는 사례이다.

특히 OS나 소프트웨어, 앱 등 분야를 미리 선점해 놓지 않으면 중요한 빅데이터를 대량으로 축적하는 것이 불가능하다. '빅데이터×AI'가 향후 비즈니스의 생명선이 될 것으로 예상한다면, 이 분야에서 존재감을 드러내지 못한 기업은 최종적인 패권을 거머쥘 수 없다.

그렇다면 화웨이는 왜 이러한 분야에는 손대지 않는가.

화웨이 창업자가 통신 설비 인프라에 강점을 갖고 있는 하드웨어 메이커라는 지위만 고집하고 있는 것인가. 아니면 무언가 특별한 역할을 의식하고 있는 것인가 의문이 든다.

세대 교체가 포인트?

물론, 화웨이가 스마트폰 점유율을 확대하고 있는 것을 과소평가해서는 안 된다.

스마트폰은 메이커 간의 경쟁이 극심하고, 항상 최첨단의 기술 즉, 첨단 소프트웨어, 앱 등이 탑재되어 있어야 한다. 그리고 계속 소비자의 취향에 맞춰야 팔리기 때문에 세련된 고객 경험, 우수한 이용자 인터페이스의 제공이 필수적이다. 화웨이는 이에 정통하기 때문에 지금의 입지에 도달한 것이다. 화웨이의 선견과 영향력을 놓고 볼 때, OS나 앱 분야에 진출하는 것도 충분히 예측해 볼 수 있다.

화웨이 기본법에 나와 있는, "화웨이는 세계 일류의 설비 공급자가 되기 위해 정보 서비스업에는 영구히 참가하지 않는다."라는 대목을 보자. '정보 서비스업'이 무엇을 가리키는지는 명확하지 않지만, 필자는 이 대목 또는 지금까지 화웨이의 사업 전개 양상으로 미뤄 볼 때, 런정페이가 OS나 앱 분야에 진출할 생각이 없는 것이라고 본다.

그러나 교대 CEO 등 젊은 경영진이 들어선다면, OS나 앱에 진출하여 패권을 거머쥐는 것에 의욕을 보일 수도 있다. 연례 보고서의 문장 곳곳을 뜯어보면, 이따금씩 그것이 언뜻 내비치고 있다. 경영자가 세대 교체된다면, 스마트폰으로 이 정도의 점유율을 확보한 화웨이가 정말 패권을 거머쥘 가능성도 없지 않다.

— 10 —

차이나 리스크와
'화웨이 쇼크' 후의 세계

정보 공개에 열중하는 목적

런정페이는 한때 인민해방군에 속해 있었으며 창업 당시에는 인민해방군 시절의 인맥을 살려 회사를 키웠다고 한다. 그러한 배경으로 인해 화웨이는 오랫동안 중국 인민해방군이나 중국 정보 기관과 관계가 있는 것으로 의심받아 왔다.

그러나 화웨이는 그러한 의혹을 강력히 부인하고 있다. 최근에는 중국 정부와 거리를 두는 입장을 분명히 하고 있다. 비상장 기업이면서도 내용이 충실한 연례 보고서를 만들어 정보를 공개하고 있는 것도 눈길을 끈다. 전 세계적인 비즈니스를 운영하는 데 차이나 리스크를 불식하고 싶다는 의사 표시일 것이다.

화웨이 인터넷 홈페이지의 '사이버 보안'에는, 다음과 같은 문장들이
게시되어 있다.

【사이버 보안은 일국, 일기업만의 문제가 아니다】
현재, 화웨이에 부품을 제공하고 있는 공급자는 전 세계에 걸쳐 5700개사가
있다. 부품의 70%를 글로벌 공급망으로부터 조달하고 있다. 최대의 조달처
는 미국으로, 32%를 차지하고 있다. (대만, 일본, 한국이 28%, 유럽이 10%,
중국이 30%이다.) 따라서 사이버 보안 문제는 국가와 업계 전체가 글로벌하
게 대응해야 할 문제이다.

【Made in China가 문제가 아니다】
많은 미국 유럽계 ICT 벤더가 대규모의 연구 개발 센터를 중국에 설치하고
있다. 또한 생산 거점을 중국에 두는 ICT 벤더도 많다.

【매출의 약 60%는 중국 이외의 시장에서】
화웨이는 세계 170개국 이상의 나라에서 사업을 진행하고 있으며, 매출의
약 60%는 중국 이외의 시장에서 들어오고 있다.

【100% 종업원 소유】
화웨이는 비상장 기업으로 임직원 지주제를 채용하고 있다. 2015년 12월 31일
기준으로 7만 9563명의 임직원이 모든 주식을 보유하고 있다. 임직원이 만
일 부적절한 행동을 한다면, 스스로 자기 재산에 손해를 끼친다는 점을 숙

지하고 있다.

이들 문장을 통해, "화웨이는 정보를 중국 당국에 흘리는 회사가 아니며, 그런 의심을 받는 것은 유감이다."라는 강렬한 속내를 읽을 수 있다.

그러나 이러한 적극적인 정보 공개의 보람도 없이, 화웨이는 오랫동안 경계의 시선을 받아 왔다. 2011년 미국 정부는 서버 기술을 보유하고 있는 미국 기업 '3Leaf'를 화웨이가 인수하려는 시도를 저지했다. 미국은 그 이유로, 화웨이가 군으로부터 투자를 받고 있다는 것, 인민해방군이 장기간에 걸쳐 무상으로 핵심 기술을 화웨이에 제공하고 있다는 것, 화웨이와 군부 양자가 장기간에 걸쳐 많은 협력 프로젝트를 진행해 왔다는 것 등을 들었다.

심지어 2012년에는 미국 하원 조사 위원회가 보고서를 발표했다. 화웨이와 ZTE라는 중국의 통신기기 대기업이 미국의 안전 보장에 위협적이라는 주장이 담겨 있었다.

그리고 2014년 미국 정부 기관 등은 화웨이 제품의 사용을 금지하는 조치를 단행했다.

급기야 2018년 FBI, CIA, NSA 등의 미국 비밀 정보국 간부들은 화웨이 제품이나 서비스의 이용을 삼가야 한다는 발언을 잇달아 냈다. 미 정부 기관과 행정부 직원이 화웨이와 ZTE 제품을 사용하는 것을 금지하는 국방 권한법도 만들어졌다. 이러한 움직임은 미국에서 두드러지고 있지만, 이 외에도 캐나다, 호주, 독일, 영국 등에서도 오랫동안 화웨이를 경계하는 움직임이 있었다(야마다 토시히로山田敏弘, 「화웨이 스마트폰은 '위험'한가」,

『5G의 도래로 증가하는 중국의 위협』).

'화웨이 쇼크'의 후유증

이러한 배경에서, 2018년 12월 불거진 사태가 '화웨이 쇼크'였다. 앞서 설명한 바와 같이, 멍완저우 부회장 겸 CFO가 불법 금융 거래 혐의로 미국의 요구에 따른 캐나다 당국에 의해 체포되었다. 멍 부회장은 런정페이의 딸이다. 체포된 사실이 12월 15일 공개된 직후인 다음 날 6일부터 미국 주식 시장에 이어, 다우 공업주 30종 평균값이 2영업일 연속 급락해 2만 5000달러까지 시세가 떨어지는 사태가 벌어졌다. 닛케이 평균도 한때 600엔 넘게 급락했고, 중국 주식 시장도 하락하여 '화웨이 쇼크'는 세계 동시 주가 하락을 초래했다.

이 책 집필 시작 시점인 2019년 1월에도 『월스트리트저널』이 "연방 검사가 화웨이를 조사, 기소할 가능성이 있다."라고 보도하는 등 문제가 해결되지 않고 있다. 필자는 이 문제가 장기화될 것으로 생각한다.

스파이 활동을 미국이 문제 삼다

보다 구체적으로 화웨이의 무엇이 문제인가. 이에 대한 명쾌한 답변은 2018년 12월 27일자 『일본경제신문』 보도를 보면 짐작할 수 있다. '화웨이 기술 일본 주식회사(화웨이 재팬)가 일본인 여러분께 드리는 글'이란 제목이 달린 전면 광고의 내용이다.

여기에 나온 일부 내용을 보자. 이에 따르면 "제품을 분해했을 때 하드웨어에서 쓸데없는 것이 발견되었다." "악성 소프트웨어가 발견되었다."

"시방서에 없는 포트가 발견되었다." "그것들이 '백도어'(컴퓨터 암호 시스템에 접근할 수 있도록 하는 통신 연결 기능―옮긴이)에 이용될 가능성에 대한 언급이 있었다."라고 적혀 있다. 이어 화웨이는 "완전히 사실 무근이다."라고 부정하고 있다. 이를 뒤집어 말하자면 미국은 화웨이가 스파이 활동을 하고 있다고 의심하고 있으며, 이를 문제 삼고 있는 것이다.

필자는 이 책을 집필하면서, 미국 언론 매체가 지적하고 있는 화웨이의 스파이 활동 의혹에 대한 논문이나 조사 보고서를 거듭 찬찬히 뜯어보았다.

미국이 개별 사안으로 화웨이를 조사한 것을 보면, 2012년 10월 미국 하원 조사 위원회가 공표한 화웨이와 ZTE에 대한 조사 보고서가 있다. 보고서는 상세한 조사가 이행되었다고 전제하고 있지만, 어느 쪽도 "명확하게 부정하지 않았다, 혹은 회답하지 않았다."라고 기술되어 있었다.

그런데 앞서 소개한 화웨이의 광고 내용에서 짐작할 수 있듯이, 현 시점에서 실제 화웨이가 스파이 활동을 수행했다는 명백한 증거는 없다. 또한 사이버 공격의 수법은 고도화되어 있다. "하드웨어에 쓸데없는 것을 주입한다."라는 고전적이고 치졸한 수법을 쓰는 아날로그적 시대가 아니다. 스파이 활동을 하고 있다는 명백한 증거는 현 시점에서는 존재하지 않는다. 단, 화웨이가 중국 정부나 인민해방군과 깊은 연관이 있다는 것에 대해서는 다양한 자료가 엄연히 존재한다.

아직 어떤 관계성이 있는지는 불명확하다. 하지만, 필자는 화웨이가 중국 정부의 지원을 받아 성장해 온 것 자체는 확실하다고 분석한다. 그러한 중국 정부와 화웨이의 관계 속에서, 미국 정부로부터 스파이 활동 의

혹을 받은 사실에 대해 화웨이는 적극적인 정보 공개로 대응하고 있다. 또한 미국 법무부는 2019년 1월 28일 이란 제재 위반과 기업 비밀의 절취 등 두 사안과 관련해 모두 23개 혐의를 적용해 화웨이를 기소했다. 은행 사기, 통신 사기, 자금 세탁, 사법 방해 등의 죄목이 포함되어 있다. 앞서 인용한 신문 광고를 통한 반론만으로는, 미국 정부의 제재를 피할 수 없게 되어 버렸다.

'미·중 대결'의 연장선

여기서 분명한 것은, 종장에서 상세히 해설하겠지만 '미·중 대결'로 인해 미국으로부터 화웨이가 의심받고 있다는 점이다. 미국의 진짜 목적은 화웨이가 미국 및 그 동맹국에서 벌이는 통신 기지 사업, 특히 5G의 패권 장악을 저지하는 것이다. 그리고 중국 정부가 추진하는 '중국 제조 2025'의 실행을 중지시키는 것이다. 멍 부회장의 체포 사건은, '미·중의 전쟁'이 단순한 무역 전쟁이 아니라는 것을 시사하고 있다.

앞으로 화웨이는 어떻게 될 것인가. 이미 일본을 포함한 미국의 동맹국들은 정부 관련 통신 기기 프로젝트 등에서 화웨이 제품을 퇴출시킬 방침을 분명히 했다. 미국의 강력한 의지를 목도하고 있는 각국 정부는 화웨이와 모든 거래를 재검토하는 움직임을 보일 것으로 예상된다.

한편으로, 화웨이 측에서는 자신을 위해서도, 진정 국가의 명운을 걸고 총력전을 펼칠 것이다. '그레이터 차이나(중화권)'에서 완결될 공급 체인망 구축을 서두르게 될 것이다. '중국 리스크'의 현실화가 여타 중국의 메가테크 기업 즉, 이 책에서 설명하는 BATH에도 영향을 미칠지 아닐지도 주시해야 한다고 생각한다.

제3장

페이스북 vs 텐센트
목적으로서의 SNS인가,
수단으로서의 SNS인가

제3장에서는 페이스북^{Facebook}과 텐센트^{騰訊控股}에 대해 분석할 것이다. 미국과 중국에서 각각 SNS(소셜 네트워크 서비스)를 토대로 사업을 전개하고 있지만 그 전략은 서로 크게 다르다. 두 회사는 정말 흥미를 끄는 사례들이다.

전 세계적으로 SNS의 대명사라고도 할 수 있는 존재가 된 페이스북. 그 사업 모델은 '사람과 사람을 잇는 플랫폼을 제공하고, 보다 많은 사람을 플랫폼에 모이도록 해서 데이터를 수집하고, 최적화한 광고를 올려 돈을 번다'는 것이다. 한편으로 텐센트는 알리바바와 주식 시가 총액의 최고 자리를 둘러싸고 치열한 경쟁을 벌이고 있다. '중국의 페이스북'이라고 불리는 텐센트는 폭넓은 사업 영역을 가진 메가테크 기업이다. 게임 등 디지털 콘텐츠의 제공, 대금 결제 등의 금융 서비스, AI에 의한 자율주행이나 의료 서비스 참여, 아마존의 AWS와 같은 클라우드 서비스, 알리바바와 정면으로 승부하는 '신소매^{新零售}' 점포 진출 등 갖가지에 걸쳐 사업을 펼치고 있다.

애초 같은 분야에서 출발한 페이스북, 텐센트 두 회사가 왜 크게 다른 길을 가게 되었는가. 이것을 이해하는 열쇠가 바로 5요소 분석법의 '도'이다. 이번 장에서는 페이스북과 텐센트의 사업구조와 현황을 해설하고 5요소 분석법으로 두 회사의 전략과 미래를 전망해 볼 것이다.

— 01 —

페이스북의 사업 현황

파악하기 힘든 기업의 전모

이 책의 독자 중에 페이스북이나 메신저가 무엇인지 전혀 모르는 사람은 없을 것이다. 그러므로 여기서 'SNS' '페이스북' '메신저'가 무엇인지 설명하지는 않을 것이다.

하지만 페이스북을 사용하고 있어도 페이스북이 어떤 사업을 전개하고 있는지, 전체적으로 파악하고 있는 사람은 사실 그리 많지 않을 것이다. 우선 소셜 네트워크 서비스인 SNS에서 페이스북의 위치와 페이스북이 현재 운영하고 있는 5가지 기반 서비스에 대해 설명할 것이다.

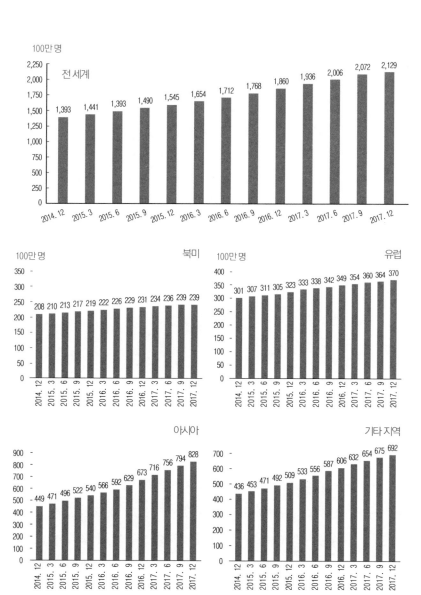

그림 3-1 월 1회 이상 로그인하는 이용자(MAU)의 추이
(출처: 페이스북 「2017년 연례 보고서」)

전 세계 20억 명이 사용하는 '페이스북' '메신저'

페이스북은 SNS의 왕이라고 불러도 되는 기업이다. 페이스북 계정을 갖고 월 1회 이상 로그인하는 이용자Monthly Active User: MAU(계측은 페이스북과 메신저가 대상)는 2018년 12월 말 기준으로 전 세계 23억 2000만 명이다. MAU는 전년도에 비해 9%가 늘었다.

페이스북은 MAU의 증가 추이를 전 세계, 북미, 유럽, 아시아, 기타 지역으로 구분해 발표하고 있는데 그래프(그림 3-1)에 나타난 것처럼 어느 지역에서나 늘고 있는 것을 알 수 있다.

그림 3-2는 2017년 9월 17일부터 12월 16일까지의 데이터를 토대로, 전 세계 주요 SNS의 MAU를 그래프로 표시한 것이다. (스냅챗만 하루 1회 이상 로그인하는 이용자Daily Active User: DAU 숫자이다). 페이스북은 연례 보고

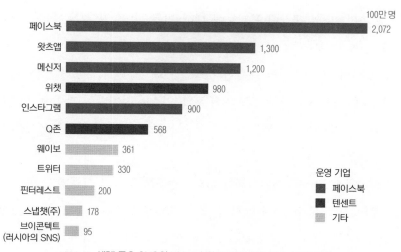

그림 3-2 세계 주요 SNS의 MAU 숫자(2017년 9월 17일~12월 16일)
(출처: 「Statista 조사 20180126」을 토대로 필자 작성)

서에서 주요 사업을 언급했는데, 기간 사업으로 자리 잡은 SNS, '페이스북', '메신저'와 더불어 사진을 투고하는 '인스타그램', 메신저인 '왓츠앱' 등이다.

하지만, 그래프에 나와 있듯이 어느 앱을 봐도 MAU가 엄청나다. 페이스북이 거느리는 SNS 서비스군의 이용자 숫자는 어마어마하다. 전 세계 어느 SNS와도 비교할 수 없을 정도의 압도적으로 많은 이용자를 보유하고 있다.

5개의 기반 서비스: 2개의 SNS와 2개의 메신저, 그리고 VR

페이스북이 기간산업으로 성장시켜 자리 잡은 것은 페이스북 이외에도 여러 가지가 있다. 사진 투고용 SNS인 '인스타그램', 메신저 앱인 '메신저'와 '왓츠앱', 그리고 VR 기기 등을 다루는 '오큘러스' 등이다.

인스타그램의 구성이나 기능에 대해 거듭 설명할 필요는 없다고 생각한다. 페이스북은 인스타그램을 2012년 10억 달러에 사들였다. 매입 당시부터 이미 사진 중심의 독특한 스타일 덕에 큰 인기를 끌었던 SNS이지만, 이후 더욱 인기가 폭발했다. 이른바 '인스타 사진발'이 잘 받는 사진을 찍을 수 있는 장소나 물건·서비스가 젊은이들 중심으로 높은 인기를 모으고 있다.

왓츠앱은 2014년 페이스북이 218억 달러를 투자해 사들였다. 매입 당시부터 서명, 주소, 전자 메일 주소 등 개인정보를 취득하지 않고 광고를 올리지 않겠다고 선언한 왓츠앱의 비즈니스 모델이 폭넓게 지지를 받았다. 사들일 당시에도 MAU가 6억 명을 넘었다고 한다(닛케이 크로스테크,

「페이스북이 왓츠앱 매입 수속 완료, 총액 218억 달러로」 2014년 10월 7일). 페이스북은 자사의 메신저 앱인 메신저 이외에도, 왓츠앱이라는 강력한 메신저 앱을 보유하게 되었다.

영국에 본사를 둔 소셜 미디어 마케팅 기업 'We Are Social'의 보고서 「Digital in 2018」에 의하면, 왓츠앱은 일본, 북미. 호주, 중국을 제외하고, 나머지 세계 각국에서 정상급의 점유율을 차지하면서 폭넓게 사용되고 있다. 일본에서는 LINE이 최고 점유율을 차지하고 있지만, 북미나 호주 등에서는 페이스북 메신저가 우세하다. 중국에서는 이 책에서 설명할 텐센트가 제공하는 위챗이 압도적인 점유율을 차지하고 있다.

오큘러스는 2014년 페이스북이 20억 달러에 사들인 회사이다. VR이나 AR 기술을 독점 개발한 회사로, VR 헤드셋의 개발과 제조 및 판매를 하고 있다. 이 회사는 "현실에서는 불가능한 가공의 체험을 제공"하는 것을 미션으로 삼고 있다.

독자들을 위해 보충 설명하자면, VR이란 고글 모양의 헤드셋을 머리에 끼고 눈앞의 디스플레이에서 나오는 고해상도의 영상 세계를 보며 마치 현실처럼 느끼도록 하는 기술이다. 다시 말해 VR 기술이란, 화면에 나오는 장면이 마치 눈앞에 실현되는 것처럼 인간의 뇌가 착각하게 만든다. VR 기술은 장소나 이동 수단의 제약을 넘어, 사람들이 다양한 체험을 즐길 수 있도록 하는 일종의 시각 효과이다.

AR 기술은 현실 세계에 새로운 정보를 겹쳐 보이게 하는 기술이다.

예를 들어 전용 안경을 쓰면, 눈앞의 실제 광경에 글씨나 메시지가 겹쳐 보이거나, 3D 캐릭터가 있는 것처럼 보이게 된다. 스마트폰 카메라에서 화면에 보이는 풍경 속에 캐릭터를 넣은 것도 AR 기술의 일종이다. 스마트폰 게임 '포켓몬 GO'에서는 거리의 풍경 속에 몬스터가 나타나는데, 이 또한 AR 기술을 응용한 것이다.

페이스북은 오큘러스를 매입해 산하에 놓고 무엇을 하려는 것일까? 페이스북에서 장기간 마케팅 부문 책임을 맡고 있었던 마이크 회플링거 Michael Hoefflinger는 저서 『비커밍 페이스북』에서 VR이 인간에게 무엇을 가능하게 하는지, 구체적으로 사례를 들고 있다.

"친구가 여행을 갔던 이탈리아에서 찍은 360도 영상을 3D로 체험할 수 있다."

"NBA 시합을 코트 바로 옆에서 관전할 수 있다."

"지구 반대편에 있는 작은 마을에 살고 있어도, 유명 대학 교수의 강의를 마치 같은 교실에서 듣는 것처럼 체험할 수 있다."

"영화를 보는 것은 아니지만, 영화의 세계에 들어갈 수 있다."

"실제로 방문하지 않아도 난민 캠프의 상황을 직접적으로 느끼고, 마음이 흔들리는 체험을 할 수 있다."

"수천 마일 떨어진 곳에 있는 사람과, 마치 같은 방에 있는 것처럼 말하거나, 일을 할 수 있다."

물론, 이런 미래가 바로 실현될 수는 없다. VR 기술은 아직 발전하고 있는 중이며, 헤드셋의 보급에도 시간이 걸릴 것이다. 2019년 1월 라스베이거스에서 미국 최대의 전자제품 관련 전시회인 CES2019(소비자 가전 전시회Consumer Electronics Show, 2019년 1월 8일부터 11일까지 열렸다—옮긴이)가 개최되었다. 저자도 참가했지만 여기서는 2019년 VR/AR 탑재 기기의 판매가 일단 3% 정도 줄었으며 탑재 기기의 본격적인 보급은 2년 정도 지난 후가 될 것이란 예측이 나왔다.

하지만, VR이 보급되기 시작하면, 사람들의 의사 소통 방식은 크게 변할 것이다.

앞서 언급한 회플링거의 저서에 따르면, 오큘러스를 매입할 당시 페이스북 창업자 마크 저커버그Mark Elliot Zuckerberg는 "언젠가 이처럼 몰입적인 AR이 수십억 명의 사람들에게 일상 생활의 일부로 여겨지게 될 것이다."라고 말했다고 한다.

오큘러스 기술을 활용한 서비스는 2017년 '페이스북 스페이스'에 의해 처음 공개되었다. 이 서비스는 친구와 가상 공간에서 같이 지낼 수 있는 VR 앱으로, 페이스북 친구를 3명까지 초대해 VR 기기로 의사 소통을 할 수 있다.

압도적인 마케팅 플랫폼을 목표로 한다

페이스북은 새로운 서비스를 순차적으로 도입하고 있다. 2018년부터 360도로 사진을 촬영, 업로드가 가능하도록 했으며, 영상 서비스 '페이스북 워치'도 제공하기 시작했다. 특히 최근 저커버그는 영상 분야를 메가트렌드 중 하나로 정해 영상 관련 서비스의 개발과 서비스 강화에 힘을 집중하고 있다.

하지만, 개별적인 서비스의 상세한 정보를 살펴보아도 페이스북의 전모를 파악하기란 쉽지 않다. 과연 이토록 짧은 기간에 공룡처럼 성장한 메가테크 페이스북은 어떤 기업인가?

한마디로 표현하면 앞에서도 말했듯 '사람과 사람을 잇는 플랫폼을 제공하고, 보다 많은 사람을 플랫폼에 모이도록 해서 데이터를 수집하고, 최적화한 광고로 돈을 번다'는 것으로 설명할 수 있다. 페이스북도, 메신저도, 인스타그램도, 그 위에서 펼쳐보이는 영상·AR·VR 서비스도, 모두 사람들을 연결하는 방식이다. 이를 통해 방대한 개인 데이터를 수집하고, 보다 효과적인 광고가 가능한 마케팅 플랫폼을 구축해 압도적인 입지를 확보하는 것을 목표로 한다고 할 수 있다.

우리들이 평소 사용하고 있는 페이스북이나 메신저 화면에는, 마케팅 플랫폼이라는 페이스북의 모습은 잘 보이지 않는다. 기껏해야 페이스북이나 메신저의 화면상에 표시되는 광고 정도를 보는 것에 그치고 있다.

하지만, 페이스북 서비스 등에서 마케팅하고 싶은 기업이나 개인을 대상으로 하는 '페이스북 비즈니스' 사이트를 보면, 페이스북이 어떤 기업인지 납득할 수 있다. 그곳에는 제품·서비스 등의 인지도 향상과 수요의 생성, 매출을 올리기 위한 방법 등이 게시되어 있다. 페이스북이 제공하는 서비스를 어떻게 활용하면 좋은지 자세히 소개하는 페이지도 있다. 실제로 바로 이용할 수 있도록 준비된 것도 있고, 중소기업에서 대기업까지 폭넓은 업종이 성공한 사례도 게시되어 있다.

일본에서의 사례로는 소프트웨어 개발사인 사이보즈Cybozu를 들 수 있다. 사이보즈는 데이터 베이스형의 클라우드 비즈니스 앱 '킨톤Kintone'을 개발했다. 이어 이를 시험하기 위한 신청자를 늘리기 위해 페이스북 광고를 활용한 캠페인을 벌이자, 신청자 수가 전년도에 비해 2배나 늘어났다. 페이스북 광고 효과가 입증된 사례이다. 모스버거가 젊은 층 대상으로 페이스북과 인스타그램에 영상 광고를 올리자 매출이 광고 이전보다 1.3배 증가한 것처럼 다양한 사례를 볼 수 있다.

참고로, 페이스북의 강점은 자체 앱에 국한되지 않고 광고를 올릴 수 있다는 것이다. 페이스북이 제공한 '오디언스 네트워크Audience Network'라는 서비스를 이용하면, 페이스북이 제휴하는 그 어떤 앱에도 광고를 올릴 수 있다. 전 세계 수십억 이용자가 보는 그 광고도 물론 페이스북 이용자의 데이터에 근거해 최적화된 것이다.

페이스북의 이런 장점들을 이해한다면, 기업들은 마케팅을 고려할 때 페이스북의 존재를 결코 무시할 수 없을 것이다.

─ 02 ─

페이스북의 5요소

도·천·지·장·법에 따른 전략 분석

페이스북의 대략적인 사업 현황을 살펴보았으니, 다음으로는 도, 천, 지, 장, 법의 5요소로 페이스북을 분석해 보자. 그림 3-3을 참고하길 바란다.

페이스북의 '도'

페이스북은 "세계를 보다 개방하고 보다 넓게 연결시킨다.Making the world more open and connected."라는 미션을 갖고 있었다. 하지만 2017년 "사람들에게 커뮤니티를 구축하는 힘을 제공하며 세계를 더 친밀하게 한다.Give people the power to build community and bring the world closer together."로 미션

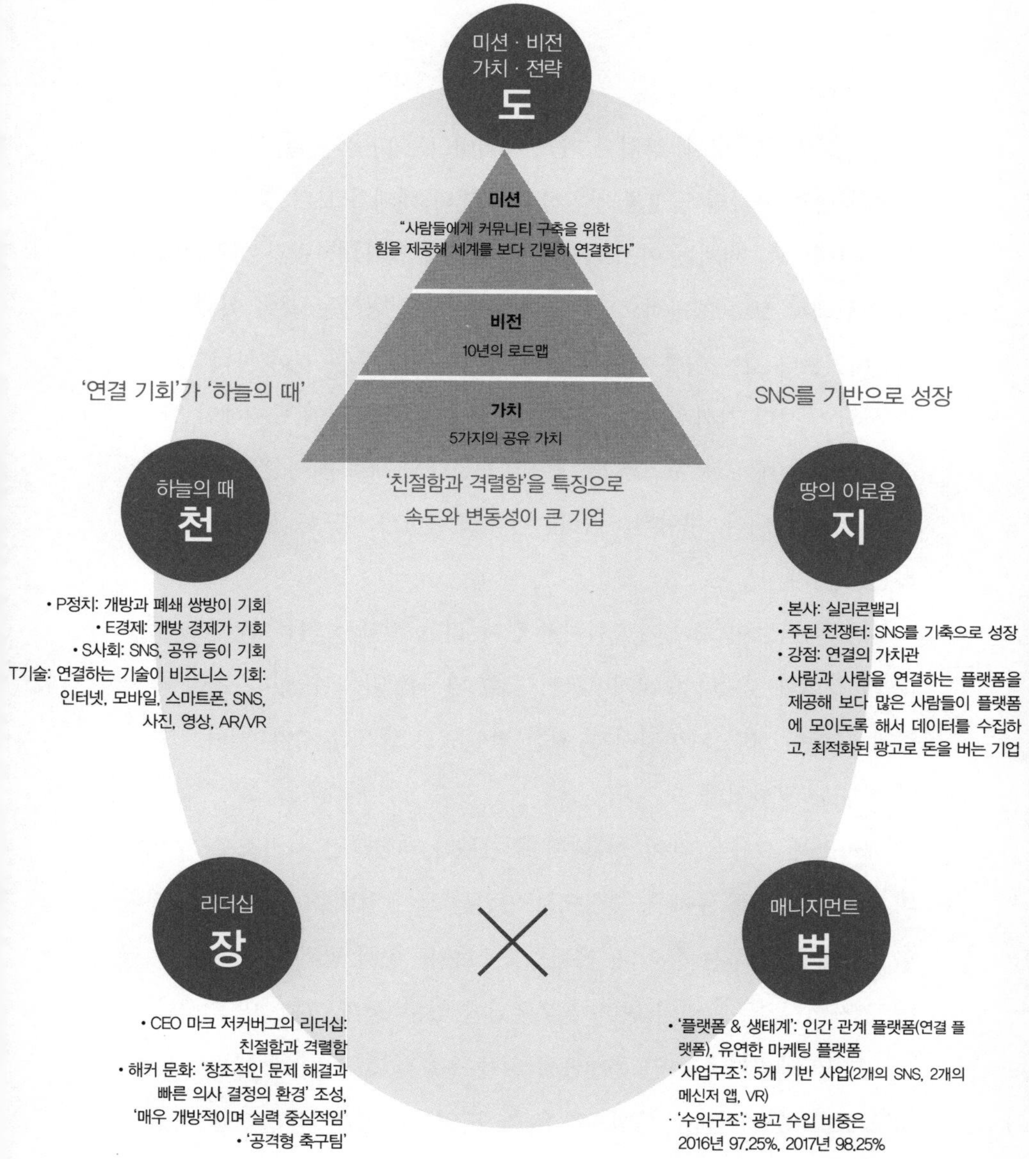

미션 · 비전
가치 · 전략
도

미션
"사람들에게 커뮤니티 구축을 위한
힘을 제공해 세계를 보다 긴밀히 연결한다"

비전
10년의 로드맵

가치
5가지의 공유 가치

'친절함과 격렬함'을 특징으로
속도와 변동성이 큰 기업

'연결 기회'가 '하늘의 때'

SNS를 기반으로 성장

하늘의 때
천

땅의 이로움
지

• P정치: 개방과 폐쇄 쌍방이 기회
• E경제: 개방 경제가 기회
• S사회: SNS, 공유 등이 기회
T기술: 연결하는 기술이 비즈니스 기회:
인터넷, 모바일, 스마트폰, SNS,
사진, 영상, AR/VR

• 본사: 실리콘밸리
• 주된 전쟁터: SNS를 기축으로 성장
• 강점: 연결의 가치관
• 사람과 사람을 연결하는 플랫폼을
제공해 보다 많은 사람들이 플랫폼
에 모이도록 해서 데이터를 수집하
고, 최적화된 광고로 돈을 버는 기업

리더십
장

매니지먼트
법

• CEO 마크 저커버그의 리더십:
친절함과 격렬함
• 해커 문화: '창조적인 문제 해결과
빠른 의사 결정의 환경' 조성,
'매우 개방적이며 실력 중심적임'
• '공격형 축구팀'

• '플랫폼 & 생태계': 인간 관계 플랫폼(연결 플
랫폼), 유연한 마케팅 플랫폼
• '사업구조': 5개 기반 사업(2개의 SNS, 2개의
메신저 앱, VR)
• '수익구조': 광고 수입 비중은
2016년 97.25%, 2017년 98.25%

그림 3-3 5요소 분석법으로 보는 '페이스북의 대전략' 분석

을 변경했다.

미션을 변경할 당시, 창업자 마크 저커버그는 다음과 같이 말했다. "과거에 사람과 사람의 연결을 지원하면 자연과 세계가 보다 좋아질 것이라고 생각했지만, 세계는 아직도 단절된 상태에 있다." 사람과 사람의 연결을 지원해서 보다 개방적으로 이어진 세계를 실현하는 것이 이제까지의 미션이었으나 그는 이를 더 진화시켜, "단지 이어 주는 것이 아니라, 사람과 사람이 보다 가까워질 수 있는 세계를 실현하는 것에 주력해야 한다."라고 말했다(페이스북 뉴스룸 2017년 6월 26일). 즉 새로운 미션은 단지 이어 주는 것이 아니라, 사람과 사람을 더욱 친밀하게 만드는 플랫폼을 구축하는 것이다.

"사람과 사람이 보다 가까워져야 한다."라는 말에서 커뮤니티를 지금보다 더 강화할 것이라는 저커버그의 강한 의지를 읽을 수 있다. 그리고 '사람과 사람이 보다 가까워지기' 위한 방안으로 발표된 것이 '페이스북 그룹'의 기능 강화였다.

'페이스북 그룹'은 페이스북에서 초기부터 제공하던 서비스로, 취미나 비즈니스 등 공통 주제를 중심으로 멤버를 모아 정보를 공유하거나 교환할 수 있게 해 주는 툴이다. 페이스북 그룹은 공개 범위를 선택할 수 있다. 검색이나 투고, 읽기 권한이 오픈되어 있는 '공개 그룹', 또 검색할 수는 있지만 멤버가 아니면 콘텐츠를 읽을 수는 없는 '비공개 그룹', 검색할 수도 없고 멤버 외에는 콘텐츠를 읽을 수 없는 비공개 '비밀 그룹' 등으로 구분된다. 긴밀한 커뮤니티를 만들기 위한 툴이므로, '사람들에게 커뮤니티를 구축하는 힘을 제공'한다는 미션에서 중요한 역할을 맡게 될 것으로 보인다.

또한 페이스북 그룹에서 기능 강화의 일환으로 정기 구독 서비스를 도입했다는 것에 주목할 필요가 있다. 각 그룹 관리자는 정기 구독으로 일정 금액을 내는 멤버들에게 유료 콘텐츠를 제공한다. 이런 과정을 통해 페이스북은 이용자를 대상으로 '커뮤니티를 구축하는 힘을 제공'하는 동시에 광고 수입 이외의 수익원도 만들어 냈다.

정기 구독 서비스는 최근 SNS 기반 기업들에서 도입되고 있다. 지속적으로 안정된 수익을 얻는 비즈니스 모델을 구축하는 수단으로 주목받고 있는 것이다. 무엇보다도 서비스를 제공하는 측과 서비스를 제공받는 멤버들 사이에 친밀한 관계를 구축하는 것이 그 본질이다. 페이스북 그룹이 전 세계에서 10억 명이 이용하는 서비스임을 생각하면 정기 구독 서비스의 의미는 작지 않다.

페이스북의 '천'

미션에서 언급한 것처럼 "사람들에게 커뮤니티를 구축할 힘을 제공하여, 전 세계를 밀접하게 연결"할 수 있는 기회가 바로 페이스북의 '천'이다. 인터넷, 스마트폰 등 모바일 기기는 물론 360도 영상이나 AR/VR과 같은 기술의 발달도 페이스북에게는 '천'이라고 할 수 있다.

또한 '닫혀 가는 대국과 열려 가는 메가테크'라는 구도 역시 페이스북에게는 '천'에 해당할 것이다.

경영학자 미즈노 가즈오水野和夫는 『닫혀 가는 제국과 역설의 21세기 경제』의 서론에서 "세계화를 부정하려는 움직임이 선진국의 국민들 사이에서 빠르게 퍼지고 있다. 영국 국민이 EU 탈퇴를 선택하고, 미국에서는 불법 이민자의 국외 추방이나 외국 제품에 대한 관세 상향을 주장하는 트럼프를 대통령으로 선택함으로써, 이 흐름은 모두의 눈앞에 명백히 드러났다. 세계에 대해 '닫힘'을 선택한 것이다."라고 설명했다.

국가들의 이런 흐름과 달리, 구글, 아마존, 페이스북 같은 글로벌 메가테크 기업들은 국경이나 산업 간의 장벽을 극복하고 인터넷과 현실의 경계를 넘어 사람들을 연결하고 있다. 이처럼 글로벌하게 '열어' 감으로써 어떤 면에서는 기업이 국가를 넘는 영향력을 가지게 되었다.

'열려 가는 메가테크'라는 트렌드가 페이스북의 사업 확장을 촉진시키고 있다. 특히 '닫혀 가는 대국'이라는 흐름도 사업을 펼칠 기회로 활용할 수 있다.

2016년 미국 대통령 선거에서 페이스북의 가짜 뉴스fake news 확산이 트럼프 대통령을 만들었다고 해석되곤 한다. 즉 페이스북 같은 거대한 SNS는 닫힌 커뮤니티 속에서도 연결을 강화하는 기능을 노려 존재감을 높여갈 수 있다.

이처럼 '기업의 개방'과 '국가의 폐쇄'라는 세계적인 트렌드를 사업 확장 기회로 만들 수 있는 것은 페이스북의 큰 강점이라고 할 수 있다.

페이스북의 '지'

페이스북의 사업영역은 역시 SNS가 가장 큰 기반이다. 사람과 사람의 '연결'이 페이스북이 제공하는 가치이며 이용자로부터 공감을 얻을 수 있는 부분이다. 그리고 사람과 사람의 연결망을 구축하고 이들의 결속을

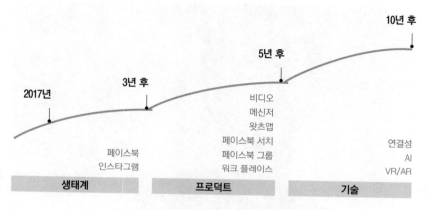

 안에 포함된 텍스트:

10년 후

5년 후

3년 후

2017년

비디오
메신저
왓츠앱
페이스북 서치
페이스북 그룹
워크 플레이스

연결성
AI
VR/AR

페이스북
인스타그램

생태계   프로덕트   기술

그림 3-4 페이스북의 10년 로드맵

(출처: 개발자 컨퍼런스 'F8 2017(2일차, 2017년 4월 19일)'에서 페이스북 최고기술책임자(CTO) 마이크 슈로퍼(MIke Schropefer)의 기조 강연 자료를 토대로 필자 작성, 참조: 페이스북 뉴스룸)

단단하게 묶어 주는 수단은 텍스트부터 사진, 영상, 더 나아가 AR/VR 등이 있다. 페이스북은 이처럼 시대에 맞는 기능을 제공하며 동시에 마케팅 능력을 높이고 있다.

그림 3-4는 페이스북이 2017년 9월에 공개한 향후 10년의 로드맵을 근거로 해서, 중요하게 여겨지는 요소를 정리한 것이다.

이 로드맵에 따르면 3년 후에는 페이스북, 인스타그램으로 확실하게 생태계를 구축하고, 5년 뒤는 메신저와 왓츠앱이라는 두 가지의 메시지 앱, 페이스북 그룹, 영상 등을 강화하며, 그후에는 보다 고도화된 와이파이와 드론 등을 통해 연결성을 강화하고 AI와 VR/AR을 활용하는 것 등을 구상하고 있다.

사진 3-1 페이스북의 창업·경영자, 마크 주커버그
(출처: JD Lasica at flickr, CC BY 2.0 – https://flic.kr/p/daCaBp)

페이스북의 '장'

페이스북의 '장'에 대해서는 창업자 저커버그의 이력을 보면 이해할 수 있다. 『비커밍 페이스북』에 따르면 저커버그는 치과의사인 아버지에게 프로그래밍의 기초를 배워 어린 시절 가족 6명을 연결하는 메시지 송수신 프로그램 '저커인터넷'을 만들었다고 한다. 자택과 아버지의 병원에 있는 컴퓨터를 연결한 것이다. 이때부터 저커버그는 '사람과 사람을 연결하는 것'의 가치를 발견한 것으로 짐작할 수 있다.

하버드 대학 재학 중에는 '코스 매치'라는 학내 커뮤니티 네트워크 서비스를 만들었다. 이어 같은 미술 역사 수업을 듣는 클래스 동료들과 노트를 공유하는 서비스를 만들었는데, 이 클래스는 시험에서 역대 최고득점을 기록했다. 이런 체험들로 인해, 그는 기술을 응용해 사람과 사람의 연결을 강화하는 것에 대한 흥미를 느끼게 되었던 게 아닐까?

수개월 후, 저커버그는 '페이스 매쉬Face mash'라는 서비스를 개시했다. 하지만 이 서비스는 문제점을 안고 있었다. 사이트의 목적은 학생끼리 서로 외모를 평가하는 것. 서비스 프로그램을 개발하는 과정에서 저커버그는 대학 기숙사 내 자체 네트워크 또는 인터넷을 통해 학생들의 사진을 무단으로 다운로드했다.

이 때문에 저커버그는 대학에서 근신 처분을 받았고 캠퍼스의 여학생들에게 사죄하기도 했다. 『비커밍 페이스북』에서 저자는 이 사건에 대해 "사이트의 프로그래밍과 소셜 기능 두 부분 모두에서 상식, 저작권, 프라이버시의 선을 넘는 문제작이었다. 하지만 그 실패를 통해 저커버그는 항상 이용자의 프라이버시와 데이터의 공유 관리 기능을 중시해야 한다는 교훈을 얻을 수 있었다. 이런 경험들이 밑바탕에 깔리지 않았다면 2004년 2월 'facebook.com'이 지금의 모습으로 탄생하는 일은 없었을 것이다."라고 기술했다.

『비커밍 페이스북』에는 저커버그의 리더십에 관한 언급도 있다. "누구보다도 미션 달성에 열의를 띠고 있지만 그 열의를 말이 아닌 행동으로 보여준다. 페이스북 사내에서도 외부에서도 스스로의 행동으로 비전을 제시한다. 어린 시절 '저커인터넷'의 개발에서 'facebook.com'의 개발에 이르기까지, 다른 사람이 그냥 기다리고 지켜보기만 하는 시간에 그는 먼저 스스로 움직였다. 페이스북 사내에 붙어 있는 포스터에는 '두렵지 않다면 무엇을 할 것인가?'라고 쓰여 있다. 저커버그는 이 문장이 무엇을 의미하는지, 스스로 체현했다." 이는 그와 함께 일한 마이크 회플링거의 언급이다.

한편, 필자가 주목하는 대목이 하나 있다. 저커버그의 언행 곳곳에서 감지할 수 있는 '격정'이다. 이것이 플러스적인 좋은 방향으로 작용했을 경우에는 페이스북에 급성장을 가져다주었다. 하지만, 반대 경우도 있다. 개인정보 보호에 관해 논란이 불거졌을 때 이를 경시하는 태도를 취해 문제가 된 사실은 모두가 알고 있을 것이다. 이처럼 냉정함을 잃어버린 대응은 페이스북이라는 거대 기업의 평가를 현저하게 떨어뜨리는 요인이 되기도 했다.

페이스북의 '법'

페이스북의 '법' 즉 비즈니스 전략과 관련해서는 '사람과 사람을 잇는 플랫폼을 구축하고 광고를 유치해 수익을 얻는다'는 것으로 정리할 수 있다.

앞서 언급한 대로 페이스북은 일반 이용자에게는 매일 접하는 SNS일 뿐이지만, 기업이나 단체에게는 마케팅 플랫폼의 역할을 하고 있다. 페이스북 매출 중에 광고 분야가 차지하는 비중은 2016년도 97.27%, 2017년도 98.25%였다. 미래에는 정기 구독이 주요 수입 수단 중 하나로 성장할 가능성이 있지만, 지금은 거의 대부분이 광고 수입에 의해 이루어진 회사라고 해도 무방하다.

여기까지 페이스북이 어떤 사업을 하는 기업인지, 그리고 페이스북의 5가지 요소에 대해 설명했다. 전체적인 구조를 파악했으니, 지금부터는 개별적으로 짚어 봐야 할 논점에 대해 설명할 것이다.

— 03 —

'해커 웨이'를 내세운 이유

경영자의 대담함을 구현

페이스북의 홈페이지에서는 페이스북의 문화에 대해 '해커 컬처Hacker Culture'라고 소개하며, 이것이 의미하는 바에 대해 '창조적인 문제 해결과 재빠른 의사 결정에 대응하는 환경'이라고 설명하고 있다.

해커라는 말은 일반적으로 나쁜 의미로 사용되는 경우가 많다. 해커란 고도의 프로그램 기술로 시스템이나 네트워크에 침입해 나쁜 일을 획책한다는 이미지가 일반적이다. 그럼에도 페이스북은 굳이 '해커'라는 말을 많이 사용하고 있다.

실리콘밸리에 위치한 페이스북 본사는 '1 Hacker Way'라고 칭한다. 사원들이 자주 모이는 카페 주변에 있는 큰 광장을 'Hacker Square'라고 부른다. 광장 바닥에는 크게 'HACK'이라는 글자가 새겨져 있다. 광장 주변에 있는 빌딩에는 'The HACKER Company'라는 간판도 걸려 있다(닛케이 비즈니스온라인 「페이스북의 새 본사는 온통 '해커 정신'의 덩어리였다」 2012년 11월 29일).

2012년 페이스북이 증시에 상장될 당시, 미국 증권거래위원회에 제출한 신청 서류에 포함된 저커버그의 편지에서 이같은 해커 문화에 대해 정성스럽게 설명하고 있다.

내용이 조금 길지만 해당 부분을 인용해 본다.

우리들은 페이스북을 강한 회사로 만들기 위해, 우수한 인재가 세계에 큰 영향을 주고 다른 우수한 인재로부터 배울 수 있는 최적의 장소로 만들기 위해 필사적으로 노력하고 있습니다. 우리들은 '해커 웨이'라고 불리는 독자적인 문화와 경영 기법을 육성해 왔습니다.

'해커'에 대해 미디어는 컴퓨터에 침입하는 사람이라는 식으로 부당하게 부정적인 의미로 쓰고 있습니다. 하지만 사실 해킹은 단순히 무엇을 빠르게 만들거나 가능한 범위를 시험한다는 의미일 뿐입니다. 다른 많은 것들과 똑같이 좋은 의미로도 나쁜 의미로도 쓰이지만, 지금까지 제가 만난 압도적 다수의 해커들은 세계에 전향적인 임팩트를 주고 싶어 하는 이상주의자였습니다.

해커 웨이란 지속적인 개선이나 개량을 위한 방법입니다. 해커는 항상 모든 것을 불완전하다고 생각하며 개선하려 합니다. 그들은 가끔 불가능하다면서 현재 상황에 만족하고 있는 사람들의 방해를 받지만, 그럼에도 문제가 있다면 개선하려고 하는 사람들입니다.

오랫동안 최고라고 평가받는 서비스는 한번에 완성되는 것이 아니라, 일단 빠르게 세상에 내놓고 배우면서 개량하는 것을 반복해야 만들어집니다. 이런 사고 방식에 기초하여 우리들은 페이스북을 시험할 수 있는 수천 가지의 시스템을 만들었습니다. 벽에는 "빠른 실행은 완벽보다 낫다."라고 써 놓고 이 말을 가슴 깊이 새기고 있습니다.

해킹은 또한 본질적으로 스스로 손을 계속 움직이는 것을 의미합니다. 해커는 새로운 아이디어가 실현 가능한가, 최선의 방법은 무엇인가를 계속해서 의논하기 전에 일단 시작품을 만들어 어떻게 되는지를 관찰합니다. 페이스북의 사무실에서는 "현장은 의논보다 낫다."라는 해커의 만트라(주문)가 자주 들립니다.

해커 문화는 매우 개방적이며 실력을 중시합니다. 해커는 요청을 잘하거나 많은 사람을 관리하는 자가 아니라, 가장 우수한 아이디어나 아이디어를 실현하는 사람이 항상 승리하리라고 생각합니다. (닛케이 인터넷판 「기업 문화는 '해커 웨이', 빠르고 대담하고 개방적이 되어야~페이스북 상장에 맞춰, 저커버그 CEO, "주주에게 보내는 편지」 2012년 2월 2일)

편지에서 저커버그의 '해커 웨이'에 대한 집착이 강하게 느껴진다. 확실히 SNS의 강자로 압도적인 입지를 구축하는 과정에서는 해커처럼 기민하게 움직여 새로운 서비스를 차례차례 만들어 내는 일이 필요했을 것이다. "빠른 실행은 완벽보다 낫다." "코드는 의논보다 낫다."와 같은 말은, 그대로 페이스북의 강점을 드러내는 말들이다.

하지만 같은 미국의 메가테크 기업이라도 구글이나 애플이 '해커 웨이'라는 말을 들먹인다고 상상할 수 있는가 묻는다면, 대답은 아니라는 것이다. 해커 웨이라는 말은, 나쁜 이미지일지라도 충격을 주는 강한 말을 당당하게 전면에 내세우는 저커버그라는 경영자의 대담함과, 페이스북의 가치관이 잘 드러난 상징적인 말이다.

— 04 —

미디어로서의 페이스북

미 대통령 선거의 결과를 좌우했다?

페이스북이 SNS뿐만 아니라 미디어로서 그 존재감이 얼마나 큰지 이해할 필요가 있다.

2017년 2월 필자는 공화당 계열의 선거 운동 단체인 'American Majority'(미국 대세) 회장 네드 라이언을 만나 직접 얘기할 기회가 있었다. 그는 조지 부시 전 대통령의 연설 원고 작성을 맡았으며 2016년 대통령 선거에서도 트럼프 대통령의 당선에 크게 공헌한 사람으로 알려져 있다.

라이언이 정치 마케팅에서 중시하는 것은 '사람들은 온라인에서 살고 있다'는 것, 그리고 '그것을 얼마나 오프라인으로 연결시켜 지지로 전환할 수 있는가'였다. 그 이유로 그는 다음과 같은 데이터를 제시했다.

"미국 사람은 평균 하루에 85회, 5시간 정도의 시간을 인터넷에 투자하고 있다."

"미국 사람 64%는 스마트폰 소유자이며, 지금은 2012년 35%에서 크게 증가했다."

"소셜 미디어의 대세는 페이스북이며 미국인의 80%가 이용하고 있다."

"65세 이상 미국인의 62%가 페이스북을 이용하고 있으며 이 수치는 2015년 48%에서 크게 상승했다."

"소셜 미디어 이용자의 88%가 등록을 완료한 유권자이다."

"소셜 미디어의 30개 코멘트가 국회의원의 주의를 끌기에 충분한 숫자이다."

약간 오래된 데이터이지만, 지금 곱씹어 봐도 주목을 끌 만하다.

일본에서는 젊은 사람들이 페이스북을 그다지 적극적으로 사용하고 있지 않다는 얘기도 들린다. 이 때문에 페이스북의 영향력을 주의깊게 보지 않는 사람도 적지 않다. 하지만 미국에서는 미디어의 하나로 매우 강력한 파워를 갖고 있다.

페이스북의 미디어 파워를 나타내는 데이터를 하나 들어 본다. 2017년 1월 미국의 싱크탱크 퓨 리서치Pew Research가 전년도 대통령 선거 기간 중 유권자가 어떤 미디어를 보고 있었는지에 대해 설문 조사한 결과이다.

1위가 FOX(19%), 2위가 CNN(13%), 그리고 3위가 페이스북(8%)이었다. 참고로 4위는 지역 TV 방송, 5위는 NBC, MSNBC, ABC 방송 순이었다. 데이터에서 주요 미디어를 제치고 페이스북이 상위에 이름을 올린 결과이다.

게다가 선거 마케팅의 전문가인 그가 "주요 미디어보다 소셜 미디어 쪽이 유권자의 표 획득 측면에서 보다 중요해지고 있다."라고 판단하였다는 사실을 간과할 수 없다.

그는 소비자 마케팅과 관련한 이론과 실천에도 전문 지식을 갖고 있다. "소비자 마케팅에서 소비자는 소셜 미디어의 영향을 받고 있지만, 그에 못지않게 유권자도 소셜 미디어의 친구를 통해 전파되는 입소문의 영향을 받아 투표 행위를 하게 되어 있다."라고 지적했다. 즉, 페이스북에서 친구가 된 사람이나 팔로우한 사람이 '좋아요'를 누르거나, 상호 공유하는 기사를 적극적으로 읽고 나서, 그 영향을 받아 투표에 임하는 사람이 많다는 것이다.

그리고 대통령 선거 후, 페이스북에 러시아가 관여했다는 가짜 뉴스가 떠돌았다. 이 뉴스가 공유되어 선거 결과에 영향을 미쳤다는 이유로 페이스북은 사회적인 비판에 직면했다. 저커버그는 "페이스북에 오른 가짜 뉴스는 극히 적으며, 그것이 어떤 형태로든 선거에 영향을 줬다고 생각하는 것은 매우 멍청한 발상이라고 생각한다."라고 반박한 데 이어, "페이스북은 미디어가 아니다."라고 항변했다(CNET Japan, 「페이스북이 미 대통령 선거 결과에 영향?」 2016년 11월 14일).

하지만, 미디어라는 관점에서 페이스북의 영향력을 헤아려 본다면, 저커버그의 항변에 납득하지 못하는 사람이 많을 것이다. 실제로 페이스북은 저커버그의 항변 이후 더 큰 비판에 직면해야 했다.

─ 05 ─

계속 불거지는 개인정보 유출 문제,
그 타개책은?

'이어짐의 시대'에서 '데이터 시대'로의 대응

페이스북의 개인정보 유출로 초래되는 문제를 주시할 필요가 있다.

2018년 3월 한 의혹이 불거졌는데, 트럼프 대통령이 당선되었던 지난 미국 대선 당시 페이스북에서 무단 도용한 개인정보가 사용됐다는 것이다. 영국 케임브리지 대학의 한 연구자가 페이스북 성격 진단 퀴즈를 통해 얻은 개인정보를, 선거 컨설팅 회사인 '케임브리지 애널리티'가 불법으로 취득하여 페이스북을 통해 유권자의 심리를 조작했다는 의심을 받았다. 이런 의혹 때문에 저커버그는 미 의회 청문회에 불려가 5시간 동안 의원들에게 추궁을 당했다.

같은 해 9월 페이스북 이용자 3000만 명의 개인정보가 유출됐다. 12월에는 스마트폰에 저장된 사진이 앱 개발 회사에 유출됐을 것으로 추정되며, 최대 680만 명의 이용자에게 영향을 미칠 수 있다고 발표했다. 심지어 페이스북이 애플이나 아마존, 마이크로소프트를 비롯한 약 150개사와 이용자 데이터를 공유하고 있는데, 이들 기업이 이용자 연락처에 접속하거나 개인 메시지 내용 등을 보았을 가능성이 크게 보도되어 파문을 불러일으켰다. 이처럼 계속 문제가 불거지고 있는 것은 저커버그가 이 문제를 가볍게 인식하고 있기 때문이며, 그의 '격정'적 면모가 부정적으로 드러난 것이라고 필자는 생각한다.

페이스북은 방대한 개인정보를 바탕으로 고도의 마케팅 기법을 동원한 광고 비즈니스로 막대한 수입을 올리고 있다. 하지만 이런 상황이 언제까지 허용될지는 불분명하다. 페이스북이 개인이나 사회 관련 데이터를 독점하고 있는 것에 대한 우려가 매일 증폭되고 있다. 어떠한 규제가 있어야 한다는 견해도 각국에서 적잖게 대두되고 있다.

'프라이버시 문제'에 대한 세계 각국의 의식이 고양된 사실은 CES2019에서도 강하게 느낄 수 있었다. CES2019에서는 2010년부터 10년간을 '이어지는 시대'라고 표현했는데, 페이스북으로 대표되는 SNS가 사람과 사람이 이어지는 데 크게 공헌했다고 평가했다. 그리고 2020년부터 10년간을 '데이터의 시대'로 표현하면서, 앞으로는 더욱 다양한 데이터를 취득할 수 있게 될 것이라고 예측했다. 이 대목에서 데이터가 중요하다는 사실은 두말할 나위 없다. 다만 CES2019에서 눈에 띄었던 것은, 세션에 참가한 대부분 인사들이 데이터 취득으로 수반되는 '프라이버시 문제'를 지적했다는 사실이다. 전년도까지는 프라이버시 문제가 제기된 적이 없었다.

박람회에서는 프라이버시 문제와 관련한 논의가 무성했다. 유럽에서 제정 추진 중인 개인정보보호법General Data Protection Regulation: GDPR 보다도 개인정보의 불법적인 사용 문제가 발생한 페이스북의 사례가 더 자주 거론되었다. 그만큼 미국의 기술 기업 전체에 페이스북 문제가 큰 영향을 미치고 있음을 실감할 수 있었다. 무엇이든지 도전해 해결책을 도출한다는 '해커 문화'에 입각해 '창조적인 문제 해결과 신속한 의사 결정이 만든 환경'으로 대처할 수 없는 상황이 벌어지고 있는 것이다. 거듭 물의를 빚고 있는 문제를 근본적으로 해결해 고객이나 사회로부터 신뢰를 회복하기 위해서는 기업 DNA의 쇄신이 필요한 상황으로까지 몰릴 수 있었다.

이런 상황에서 2019년 3월 6일 저커버그는 페이스북 홈페이지에 '소셜 네트워크의 프라이버시 중시에 대한 비전'이라는 제목으로 장문의 글을 올렸다.

글의 요지를 보면, 지금까지의 오픈 플랫폼에서 동료 사이의 교류를 중시한 메신저형 플랫폼으로 방향을 바꾸겠다는 내용이다. 메신저형 플랫폼은 텐센트나 LINE이 페이스북보다 큰 강점이라고 과시해 온 것이다. 저커버그의 글 내용에는 사적인 대화나 안전성을 중요시하는 대책, 페북에 올린 콘텐츠의 장기 보관을 축소하는 대책 등 새로운 플랫폼의 운영 원칙이 적시되어 있었다. 단기적으로는 비즈니스나 수익 측면에서 손해를 볼 수도 있을 공격적인 정책이었다. 페이스북이 생존을 걸고 새롭게 다시 태어나려고 한다는 것이 감지되었다.

제2장 애플의 해설에서도 강조했지만, 이를 계기로 미국을 비롯한 여타

나라들에서도 프라이버시를 중시하는 경향이 더욱 강해질 것으로 보인다. 다른 기업들도 조속한 대응이 필요한 상황이다.

— 06 —

텐센트의 사업 현황

기술의 종합 백화점

텐센트騰訊控股는 중국에서 알리바바와 시가 총액 최고의 자리를 두고 경쟁하는 거대 기업이다. SNS를 기반으로 해서 급성장한 텐센트를 '중국의 페이스북'이라고 칭하기도 한다.

하지만, 텐센트에 대해 알면 알수록 페이스북과의 차이가 두드러진다. 페이스북이 SNS에서 강력한 기반을 구축해 특화하고, 광고 유치를 통해 비즈니스를 전개하고 있는 데 반해, 텐센트의 사업영역은 다르다. 텐센트는 SNS를 기반으로 하면서도 매우 폭넓은 비즈니스를 전개하고 있다. 여기에는 게임 등 디지털 콘텐츠의 제공, 결제 등 금융 서비스, AI를 이용한 자율주행이나 의료 서비스의 참여, 아마존의 AWS와 같은 클라우드 서비스, 알리바바와 정면 승부를 걸고 있는 신소매 점포 진출 등이 있다.

텐센트가 어떤 기업인지를 한마디로 말하자면, '첨단 기술의 종합 백화점'이라고 할 수 있다.

10억 명 이상의 MAU를 거느리는 QQ, 위챗, Q존

텐센트 비즈니스의 핵심을 이루는 것은 '커뮤니케이션 & 소셜'로 자리매김한 'QQ', '위챗', 'Q존' 등의 서비스이다. QQ는 주로 PC로 하는 이메일 서비스, 위챗은 모바일에서 기동하는 메시지 앱이다. 페이스북으로 말하면 위챗은 메신저나 왓츠앱이라고 할 수 있다. Q존은 포스팅이나 사진을 공유하는 SNS로, 페이스북과 같은 유형이다.

텐센트의 MAU는 2018년 6월말 시점에서 QQ가 15억 명, 위챗이 약 10억 명, Q존이 약 11억 명으로 발표됐다. 중복되는 이용자를 감안하더라도, MAU가 20억 명을 넘는 페이스북과 비슷한 규모로 이용자를 확보하고 있음을 알 수 있다.

아울러 페이스북은 세계 각지에서 이용자를 확보하고 있지만, 텐센트의 SNS 이용자는 주로 중국인이다. 중국의 인구를 약 14억 명으로 추산했을 때 위챗의 이용자가 10억 명이라는 것은 텐센트의 모바일 커뮤니케이션 서비스가 얼마나 중국 사회에 널리 이용되고 있는지를 나타내는 것이라고 할 수 있다.

SNS로 게임이나 결제 서비스까지 확대

중국 국내에서 커뮤니케이션 분야의 기반 기업으로 성장한 텐센트는

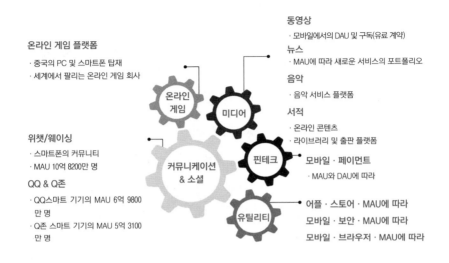

온라인 게임 플랫폼
· 중국의 PC 및 스마트폰 탑재
· 세계에서 팔리는 온라인 게임 회사

동영상
· 모바일에서의 DAU 및 구독(유료 계약)

뉴스
· MAU에 따라 새로운 서비스의 포트폴리오

음악
· 음악 서비스 플랫폼

서적
· 온라인 콘텐츠
· 라이브러리 및 출판 플랫폼

위챗/웨이싱
· 스마트폰의 커뮤니티
· MAU 10억 8200만 명

QQ & Q존
· QQ스마트 기기의 MAU 6억 9800만 명
· Q존 스마트 기기의 MAU 5억 3100만 명

모바일 · 페이먼트
· MAU와 DAU에 따라

어플 · 스토어 · MAU에 따라
모바일 · 보안 · MAU에 따라
모바일 · 브라우저 · MAU에 따라

그림 3-5 텐센트는 '커뮤니케이션 플랫폼 회사'이다
(출처: 2018년 제3/4분기 결과 프레젠테이션(2018년 11월 14일)을 토대로 필자 작성)

SNS를 이용해 폭넓게 사업영역을 확대하고 있다.

그림 3-5는 텐센트가 2018년 제3사분기의 IR자료를 통해 공개한 것이다. 이 그림에는 위챗이나 QQ, Q존 등의 '커뮤니케이션 & 소셜'의 플랫폼을 중심으로, '온라인 게임' '미디어' '핀테크' '유틸리티'가 톱니바퀴처럼 연동하고 있다. 즉, 텐센트는 SNS에서 확보한 이용자에게 게임이나 동영상, 뉴스, 음악, 문학과 같은 콘텐츠와 결제 서비스, 앱 스토어 등을 제공하고 있는 것이다.

텐센트는 이 서비스를 일부 이용자에게 유료로 제공하고 있는데, 이를 총칭해서 VAS^{Value Added Service}(부가가치서비스)라고 한다. 텐센트 매출의

65%가 이 VAS에 의해 발생된다.

특히 텐센트의 사업 중에서 큰 비중을 차지하는 분야는 PC나 스마트폰을 통해 제공하고 있는 온라인 게임이다. 잘 아는 사람에게 텐센트는 '온라인 게임으로 성장한 회사'라는 이미지도 있을 것이다.

특히 2015년에 출시한 오리지널 게임 'Honor of Kings'는 1억 이상의 다운로드 수로, 하나의 사회적 신드롬으로 이어졌다. 2017년 공산당 중앙의 기관지 『인민일보』가 "텐센트는 유능한 청년들을 중독에 빠뜨리는 사회악을 만들고 있다."(『2025년 일·중 기업 격차』, 곤도 다이스케近藤大介 지음)라고 비판하기도 했다. 이에 따라 텐센트는 미성년 이용자에게는 게임 이용시간을 제한하는 조치를 단행하기에 이르렀다. 온라인 게임은 물론, 게임 안에서도 요금이 부과된다. 게임 이용자는 게임 안에서 사용할 수 있는 무기 등의 아이템이나 아이콘 등을 구입해 즐긴다. 이것이 텐센트 VAS의 큰 매출로 이어지고 있다.

한 가지 더 추가하자면 알리바바의 '알리페이'를 추격하고 있는 모바일 결제 도구인 '위챗페이'도 텐센트 비즈니스 가운데 이목을 끄는 존재이다. 위챗페이는 QR코드에 의한 가게 내 결제나 송금 서비스, 전자상거래 결제 등에 폭넓게 이용되고 있다.

원래 알리페이가 보급되고 있는 곳에 텐센트의 위챗페이가 뛰어들어 도전하고 있는 것처럼 보이겠지만, 실제 중국 내 모바일 결제 시장은 알리페이와 위챗페이가 거의 막상막하일 정도로 맞서는 상황이라는 보고가 있다(『이관국제 중국 IT 월간 뉴스』 2018년 1·2월). 이 정도로 텐센트가 알리바바를 맹렬히 추격하고 있는 데에는 위챗페이의 경우 위챗 앱에 포함되어 있는 '월렛'이라는 기능이 있기 때문이다. 역시 SNS 인프라를 장악하고 있는 것이 큰 강점으로 작용한 것이다.

게다가 텐센트는 2016년 연례 보고서에서 앞으로 전략적으로 강화할 사업 분야를 6가지로 적시했다. 그것은 '온라인 게임', '디지털 콘텐츠', '결제 등 인터넷 금융 서비스', '클라우드', 'AI', '스마트 리테일' 등이다. AI와 스마트 리테일에 대해서는 텐센트의 향후 비즈니스 방향을 보면서 설명해야 하기 때문에 후술하겠다.

07

텐센트의 5요소

도·천·지·장·법에 따른 전략 분석

페이스북과 마찬가지로 5요소 분석법으로 텐센트를 분석해 보자.

텐센트의 '도'

텐센트는 "인터넷의 부가가치서비스로 생활의 질을 향상시킨다."라는 미션을 제시하고 있다.

이 미션에서 주목해야 할 부분은 '생활의 질'이다.

페이스북의 미션에서는 '연결'이 키워드였다. 즉 페이스북이 중시하고 있는 부분은 '사람과 사람을 연결시키는 커뮤니티'이며, 페이스북 비즈니스 영역의 대부분을 인터넷 사회관계망인 SNS가 차지하고 있는 사실과 부합

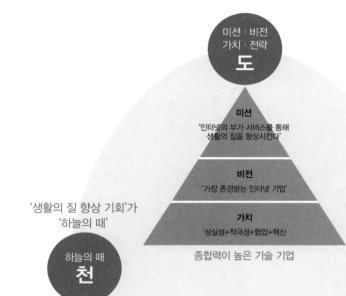

미션·비전
가치·전략
도

미션
'인터넷의 부가 서비스를 통해
생활의 질 향상시킨다'

비전
'가장 존경받는 인터넷 기업'

가치
'성실성+적극성+협업+혁신'

종합력이 높은 기술 기업

'생활의 질 향상 기회'가
'하늘의 때'

하늘의 때
천

SNS에서 생활의 질 향상을
목표로 성장

땅의 이로움
지

- P정치: '중국 제조 2025', '인터넷+', AI정
책, 빅데이터 발전 촉진 정책 등
- E경제: 개방 경제가 기회
- S사회: SNS, 공유 등이 기회
- T기술: 생활의 질 향상 기술이 기회:
인터넷, 모바일, 스마트폰, SNS, 사진, 동영
상, AR/VR, 자율주행 등의 이동성 향상 등

- 본사: 선전
- 전장: SNS에서 생활의 질 향상을
목표로 성장
- 강점: 종합력
- 게임, 동영상, 음악 등의 콘텐츠
제공.
모바일 결제 등의 금융 서비스, AI를
활용한 자율주행 기술의 개발,
'뉴리테일' 등 점차 사업영역을 확장

리더십
장

매니지먼트
법

- 창조자 마화텅의 리더십: '모험을 싫어하는 신중
파' '보편적 사고방식의 경영 리더십'
- 고도 경제 성장기 일본 유형의 업무 스타일
- 팀 워크×하드 워크

- '플랫폼 & 생태계': SNS를 기축으로 게
임·광고·금융·모빌리티 등까지 수직
통합
- '사업구조': SNS, 게임, 금융, 광고, 그 외
- '수익구조': 매출의 65%를 차지하는 VAS
수입. 매출의 17%를 차지하는 광고 수입

그림 3-6 5요소 분석법으로 보는 '텐센트의 대전략' 분석

한다. 즉 페이스북의 비즈니스 영역은 인터넷에 한정하고 있는 것이다.

한편, 텐센트 '인터넷 부가가치서비스'라는 것은 어디까지나 수단이며, 실제 비즈니스 영역은 인터넷 세계만으로 한정되지 않는다. 중요한 것은 '생활의 질을 향상시킨다'는 목적 부분이다. 텐센트는 '(중국인) 생활의 질 향상'이라는 사명을 바탕으로 경영하고 있기 때문에, 생활과 관련된 다양한 영역으로 사업을 확대하고 있는 것이다.

페이스북과 텐센트는 'SNS를 중심으로 한 비즈니스'라는 단면은 비슷해 보이지만 '도'의 차이에 눈을 돌리면 사업영역이 크게 다른 이유를 분명히 감지할 수 있다.

텐센트의 '천'

텐센트는 '생활의 질 향상'을 미션으로 하고 있기 때문에 생활의 질 향상으로 이어질 수 있는 기회를 '천'으로 여기고, 비즈니스를 전개하고 있다고 볼 수 있다. 지금은 세계적으로 기술이 급속히 진화하고 있다. 이런 흐름 속에, 페이스북도 텐센트도 '인터넷', '모바일', '소셜 네트워크', '화면, 영상' 등의 발달에서 비즈니스의 기회를 잡을 수 있었다고 할 수 있다. 나아가 텐센트의 경우 다양한 산업에 관련된 기술, 예컨대 자율주행이나 EV, 전자상거래, 소매 점포와 같은 '생활' 관련 기술의 발전도 적절한 비즈니스의 기회로 활용할 수 있다는 사실에 주목할 필요가 있다.

텐센트의 '지'

텐센트의 비즈니스는 어디까지나 SNS에 기반한다. 소셜 네트워크를 토대로 여러 가지 첨단 기술이 융합된 '기술의 종합백화점'으로 폭넓게 사업을 운영하고 있는 것이 특징이다. 게임이나 영상, 음악 등의 콘텐츠를 제공하는 것 이외에 모바일 결제 등의 금융 서비스, AI를 활용한 자율주행 기술의 개발, 그리고 신소매로 차례차례 사업영역을 확장하고 있다.

텐센트는 앞으로도 '생활의 질 향상'에 관련되는 더욱 다양한 영역으로 사업을 확대할 것이다. 최근 텐센트의 전략적인 동향 가운데 주목할 만한 2가지가 있다.

그중 한 가지는 중국 정부의 정책적인 지원을 받아 AI를 활용한 의료 서비스에 진출하고 있다는 사실이다. 또 한 가지는 중국 국내에서 알리바바와 경쟁한다는 사실이다. 알리바바와는 스마트 시티나 자율주행, 신소매 등의 사업영역에서 중첩된다.

이같은 영역에서 누가 승자가 될 것인지 향방을 주시하고자 한다. 이에 대해서는 뒤에서 설명할 것이다.

텐센트의 '장'

텐센트의 강점은 종합력 즉, 종합적인 힘을 강화했다는 데 있다. 이는 창업자 중 한 명인 CEO 마화텅马化腾의 리더십에 따른 것으로 풀이된다.

이 책에서 설명하고 있는 미·중 메가테크 기업의 창업자들, 즉 아마존의 제프 베조스, 애플의 스티브 잡스, 페이스북의 마크 저커버그 등은 모두 강렬한 개성과 독창성을 지니고 있는 인물들이다. 어떤 점에서는 균형 감각이 없는 유형의 인물이라고 할 수 있다.

하지만 마화텅은 이같은 외골수적 이미지와 거리가 먼 유형이다. '누구

보다도 모험을 싫어하는 신중파, '상식인 중 상식인'이라는 게 주변의 평가다. 매우 근면 성실한 인물로 기업 경영에 있어서도 팀워크를 중시하여 간부가 모이는 최고 경영 회의에서도 철저하게 의견을 듣고 조율만 하는 것으로 알려져 있다. 1988년 창업 직후 얼마 동안에는 5명의 공동 창업자 중 한 명이라도 강력 반대할 경우 그 안건은 폐기된다는 룰도 있었다고 한다(『2025년 일·중 기업 격차』). 경영자로서 상

사진 3-2 텐센트 CEO 마화텅
(출처: TechCrunch at flickr, CC BY 2.0 –
https://flic.kr/p/aAtg3U,)

당한 균형 감각을 갖춘 인물로 분류할 수 있다.

이처럼 마화텅의 리더십을 반영해서인지, 텐센트는 고속 경제 성장기의 일본 기업과 같은 업무 스타일을 가지고 있다. 후지쓰 경제 연구소 수석 연구원 조이린趙瑋琳의 보고서(『닛케이 SYSTEMS』 2018년 1월)에 따르면, 텐센트는 "고학력의 이공계 출신 사원이 높은 봉급과 복리후생을 받는 '기술남'(이공계 출신으로 성실하게 일하고 좋은 급여를 받는 남성을 가리킨다)의 세계"이며 "항상 새로운 일에 도전하는 조직 문화를 중요하게 여긴다." 한편으로, "IT 기업에서 많이 보이는 과로의 문제가 있다."라고도 한다.

'일하는 방식의 개혁'을 외치는 요즘 관점에서 과로는 부정적으로 받아

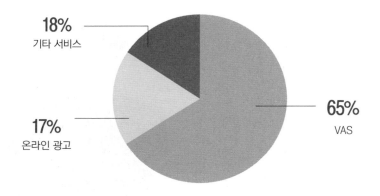

그림 3-7 텐센트의 수익구조(2017년)
(출처 : 텐센트 2017년 연례 보고서)

들여질 수 있다. 하지만 한창 경제 성장기인 중국에서 일하는 방식에 의
문을 제기하는 사원은 그리 많지 않다. 이처럼 고된 일을 기꺼이 감수하
는 사원의 근면함과 훌륭한 팀워크가 텐센트의 급성장에 밑거름이 되고
있다.

텐센트의 '법'

'커뮤니케이션 & 소셜'로 자리매김한 SNS를 축으로 성장한 텐센트는
전략적으로 사업 다각화를 추진해 게임, 금융, 자율주행 등의 여러 분야
를 수직 통합하는 사업구조로 이루어져 있다.

2017년 데이터에서 텐센트의 수입구조를 보면 VAS가 매출의 65%를
차지하고 있다(그림 3-7). 그중 대부분 수입은 게임 안에서 부과되는 과금
에서 비롯된 것이다. 수익을 내는 구조로만 보면 텐센트는 게임 회사라고

해도 과언이 아니다.

VAS의 계약자, 즉 부가가치서비스의 이용자는 1억 5400만 명에 이른다. 이 정도 규모의 이용자가 계속 돈을 쓰기 때문에 텐센트에게 온라인 게임은 매우 중요한 콘텐츠이다. 이를테면 2018년 제2사분기(4월~6월) 텐센트의 VAS 수입은 전년도 같은 분기에 비해 14%나 증가해 두 자릿수로 성장했다. 온라인 게임은 계속 텐센트의 주력 사업으로 남아 있을 것이다. 이어 매출의 17%는 온라인 광고 수입이 차지하고 있다. 광고 수입 분야도 2018년 제2사분기(4월~6월)의 경우 전년도 같은 분기에 비해 39%나 급증하면서, 텐센트의 주 수익원으로 부상했다.

페이스북이 SNS를 통해 개인 데이터를 수집함으로써 광고 효과를 높여 광고 매체로써 입지를 구축하고 있다는 점을 감안하면, 텐센트의 광고 수입 역시 더 증가할 가능성이 크다고 본다. 광고 매체로서 자리를 잡은 위챗이나 비디오스트리밍 서비스가 순조로운 흐름을 보이고 있는데, 이는 텐센트의 광고 비즈니스에 대한 가능성을 한층 밝게 해 준다.

그 외에 금융 관련 '기타 서비스'가 매출의 18%를 차지하고 있다. 2018년 제2사분기(4월~6월)의 경우에도 전년도 같은 분기에 비해 81%나 성장했다. 이는 위챗페이를 이용한 결제 관련 서비스나 클라우드 관련 서비스의 순항에 따른 것으로 생각된다.

─ 08 ─

텐센트의 AI 전략

'AI×의료', 'AI×자율주행'에 주력

텐센트의 주력 분야로 주목하고자 하는 것이 AI 전략이다. AI는 다양한 영역에서 존재감을 넓히고 있지만 특히 텐센트는 특히 'AI×의료', 'AI×자율주행'에 전력을 쏟고 있는 양상이다.

2017년 11월 중국 정부가 발표한 '차세대 인공지능의 개방 혁신 플랫폼'에 따라 국책 사업으로서 AI 프로젝트와 관련해 4개 테마와 그 위탁 기업이 결정되었다.

이 책에 등장하는 메가테크 기업 중에서 바이두가 'AI×자율주행', 알리바바가 'AI×도시계획', 텐센트가 'AI×영상 의료 서비스'를 위탁받았다. 중국 정부는 텐센트의 선진적인 AI 의료 기술 연구에서 성과를 기대하고 있는 것이다.

텐센트는 얼굴 인식 등의 AI 기술을 개발해 2017년 8월 'AI 영상 의학 연합 실험실醫學畫像聯合實驗室'을 설치했다. 기존에 엑스레이 등 의료 영상을 해석하고 분석하는 것은 의사의 능력과 경험에 의존할 수밖에 없는 측면이 있었다. 이런 상황에서 AI 기술을 활용해 정밀도를 보다 높이겠다는 것이다. 과거 병리 진단 데이터나 의사의 네트워크를 AI 기술에 입력시키면 암의 조기 발견은 물론, 미세한 종양의 검출, CT검사의 정밀도 향상을 기대할 수 있다.

텐센트의 '스마트 의료 서비스'는 스마트폰 등에서 폭넓게 이용할 수 있다. '위챗 스마트 병원' 1.0, 2.0에서는 온라인 진찰 접수, 병원비 납부, 진찰 시간 통지, 병원 지리 안내 등의 서비스를 구현하고 있다.

다음 버전인 3.0에서는 위챗을 통해 지불 방법을 다양화하고, 처방전을 전송받아 가까운 약국이나 집에서 약을 받을 수 있도록 하는 서비스가 제공될 예정이다.

이 외에도 AI 기술을 활용해 병세의 진단이나 문의, 진찰 후의 애프터 케어 등 종합 서비스를 온라인으로 할 수 있으며, 영상 의료 진단을 서비스하는 기능도 개발하고 있다. 또한 블록체인 기술을 적용해 진찰 정보 기록을 일원화해서, 의사가 환자의 진찰 상황이나 건강 정보 등에 대한 과거의 상세한 정보까지 참조할 수 있도록 하려고 한다(닛케이 크로스트렌드, 「텐센트의 최신 '스마트 병원'에서 AI와 블록체인 활용」 2018년 5월 2일).

병원에서 진단을 받거나 약을 처방받을 때의 귀찮음과 번거로움 등이 덜어진다면 의사와 간호사 등 의료 관계자의 부담도 줄어들 것이다. 또한 종래 일원화되지 못했던 의료 관련 정보의 이력이 합리적으로 통합 관리되면 국민 의료의 질 향상에도 기여할 수 있게 될 것이다.

텐센트는 차세대 자동차 산업에도 진출하고 있다. 미국의 전기자동차메이커 테슬라의 주식 5%를 보유하고 있는 것 외에, 2016년 12월 독일 HERE사와 전략적인 포괄 제휴를 맺었다. HERE는 미국 구글과 어깨를나란히 하는 고밀도 3차원 지도의 공급자이다. 자율주행을 위한 디지털인프라 구축에는 이 기술이 필수적이다.

텐센트는 HERE와의 제휴를 바탕으로 중국 전역에 이용 가능한 디지털 지도 서비스를 제공할 것이다. 그 외에, 자율주행에 적용할 고밀도 위치 정보 서비스 시스템도 구축할 예정으로 알려졌다.

또한, 텐센트는 2017년 11월 베이징에 자율주행 기술 개발을 위한 연구 시설을 오픈했다. 지금까지 쌓아 놓은 지도 제작과 AI 기술을 융합해독자적으로 자율주행 사업에 진출했다. 2018년 4월에는 자율주행 자동차의 주행 테스트를 일반 도로에서 실시했다는 정보도 있다.

아울러 2017년 12월 선전에서 주행 테스트를 실시한 자율 운전 시내버스에서, 텐센트가 공급한 스마트폰 모바일 결제 시스템이 채택됐다. 이를 통해 텐센트는 자율주행 프로젝트의 멤버는 아니지만, 간접적으로 얻을 수 있는 노하우를 바탕으로 독자적인 자율주행 사업에 진입할 수 있지 않을까 생각한다.

2018년 11월 중국 광저우에서 개최된 국제 모터쇼에서는, 텐센트의 'AI In Car' 시스템이 탑재된 자동차가 첫 선을 보였다. 자동차 메이커 광저우기차와 공동으로 개발한 자동차인데, 이미 대량생산 체제도 갖췄다. 텐센트는 "이 시스템은 텐센트의 보안 기술, 콘텐츠, 빅데이터, 클라우드 컴퓨팅, AI 기술이 일체화된 것으로 스마트카를 위한 솔루션이다."라고 자랑한다(『차이나 이노베이션』, 리즈후이李智慧 지음).

---- **09** ----

텐센트를 플랫포머로 만든
'미니프로그램'

스마트폰 앱의 개념을 바꿀 존재?

텐센트의 비즈니스 전략 가운데 주목해야 하는 것은 위챗 앱 '미니프로그램'이다. 미니프로그램에 대해 텐센트는 2018년 제2사분기(4~6월) 보고서에서 2페이지로 나눠 해설하고 있다. 이에 대해 텐센트가 얼마나 신경 쓰고 있는지 알 수 있다. 이는 2017년 1월 시작한 서비스로, 쉽게 말하면 '앱 안의 앱'을 제공하는 것이다.

예를 들어 애플이 제공하는 '앱스토어'에서 다운받을 수 있는 앱은 모두 플랫포머인 애플의 기본 소프트웨어 'iOS'에 적합한 형태로 개발되어, 애플의 인정을 받은 것이다. 즉, 앱 개발자는 애플에 맞는 개발 언어로 앱을 만들어 애플의 허가를 받아야 하며 애플의 심사를 통과하지 못하면 앱으로 제공할 수 없다.

반면 위챗 '미니프로그램'은 텐센트라는 플랫포머에게 허가를 받을 필요가 없다. 텐센트는 앱 개발자에게 위챗 플랫폼을 개방했다. 텐센트가 인정한 앱 개발자의 앱이라면 위챗에도 제공할 수 있는 것이다.

이는 스마트폰 앱에 대한 종래의 개념을 바꿀 가능성이 있다. 중국에서는 지금까지 안드로이드 스마트폰을 위한 앱 스토어가 난립하는 상황이 계속되고 있었다. 느닷없이 구글이 철수하는 바람에 구글 플레이를 사용할 수 없어져서 바이두나 텐센트, 스마트폰 메이커 등이 독자적으로 앱 스토어를 운영해야 했다. 앱 개발자는 구글 플레이 대신 각각의 많은 스토어에 맞는 앱을 개발해야 할 필요성이 제기됐다.

이런 상황에서 중국인의 커뮤니케이션 즉, 상호 소통 수단의 중심에 자리 잡은 위챗이 플랫폼을 개방하면서 앱 개발자는 모두 미니프로그램에 뛰어들게 됐다.

결과적으로 미니프로그램 개발자는 개시 후 2년 만에 150만 명을 넘어, 2017년 1년간 104만 명의 고용을 창출했다. 이는 시장 조사 회사 'ii 미디어리서치'의 조사 보고서에 나온 것이다(닛케이 크로스트렌드 「텐센트의 미니프로그램, 개시 후 2년 만에 개발자 150만 명」 2019년 1월 16일).

종래 스마트폰 앱과 비교하면, 미니프로그램은 전용 스토어가 없는 것이 특징이다. 이용자가 이용하고 싶은 앱을 입수할 주요 방법 중 하나는 QR코드의 스캔이다. 레스토랑의 앱이나 소매점의 앱 등 오프라인 매장의 서비스와 연결되어 있는 앱이 많다. 미니프로그램은 온라인 비즈니스뿐만 아니라 레스토랑이나 소매점 같은 오프라인에도 개방되어 있어서 소매점, 즉 '신소매'의 세계에도 상당한 영향을 미치고 있다.

MAU 숫자는 서비스 개시 이후 순조롭게 증가하고 있다. 2018년에 들어서는 급증해 4억 명을 넘었다고 한다. 이 가운데 가장 많이 이용되고 있는 것이 모바일 게임이다. 여타 생활 관련 서비스, 모바일 쇼핑, 여행 관련 서비스, 툴, 금융 관련 서비스 등도 이용되고 있다는 조사 보고가 있다(「QuestMobile Truth 중국 모바일 인터넷 데이터 베이스 2018년 3월」 참조).

앱스토어나 구글 플레이의 개념을 대신하는 새로운 개념이라고 할 수 있는 미니프로그램은 경제권을 대폭 확대하고 있으며 앤트 파이낸셜이나 바이두 등도 같은 개념의 서비스를 도입해 따라가는 양상이다.

텐센트의 강점은 10억 명 이상이 위챗을 이용하고 있다는 것이다. 이 커뮤니케이션 플랫폼을 활용해 대규모 이용자를 폭넓게 확보함으로써 플랫폼 패권을 장악하는 것이 텐센트의 전략으로 판단된다.

사용 빈도와 고객 접점이 승자의 조건

커뮤니케이션 앱을 꽉 쥐고 있는 텐센트의 강력함은 헤아릴 수 없다. 커뮤니케이션 앱은 하루에 몇 번이나 반복해 이용하기 때문에 고객과의 접점이나 연결력이 강력해진다. 일본 커뮤니케이션 앱 가운데 가장 점유율이 높은 LINE을 생각해 보자(한국에서는 카카오톡이 사례로 적합할 것이다—편집자). LINE을 사용하고 있는 사람이라면 하루에 LINE의 화면을 얼마나 자주 보고 있는지, LINE에게 쏟고 있는 시간을 생각해 보자. 아마도 스마트폰 앱 중에서도 가장 친밀도가 높을 것이다. 그렇지만 그조차 위챗에는 못 미친다. 아마존이나 알리바바의 인터넷 상거래를 빈번하게 사용하는 사람도 위챗 커뮤니케이션 앱만큼 이용하진 않을 것이다.

미니프로그램은 커뮤니케이션 앱을 기점으로 새로운 서비스를 제공할 수 있다는 강점을 최대한 활용한 것이다. CES2019의 세션에서 텐센트의 간부가 미니프로그램을 설명한 프레젠테이션 가운데, 미니프로그램을 일부 포함하는 애플 페이의 앱을 소개한 사실도 충격적이었다.

앞으로 세계 각국에서 커뮤니케이션 앱에서 최고의 자리에 오를 기업은, 텐센트처럼 다양한 서비스를 전개하는 최고의 플랫폼 기업일 것이다.

커뮤니케이션 앱의 사용 빈도와 고객과의 접점, 그 애착 정도는 차세대에 벌어질 새로운 게임의 승패를 좌우하는 열쇠일 것이다. 그런 의미에서 텐센트의 동향을 주시하지 않을 수 없다.

—— **10** ——

알리바바와 텐센트의
'신소매' 경쟁

'뉴 리테일'인가 '스마트 리테일'인가

중국 국내에서는 알리바바와 텐센트의 경쟁이 격화되고 있다. 애초부터 알리바바는 전자상거래를 기반으로, 텐센트는 SNS를 토대로 서비스를 운영해 왔다. 두 회사가 사업영역을 확대함에 따라 최근에는 알리페이와 위챗페이의 경우처럼 정면 대결을 벌이는 분야가 늘고 있다.

알리바바가 허마에서 '뉴 리테일'을 진행하고 있는 데 반해 텐센트는 OMO 전략으로 '스마트 리테일'을 주창하고 있다. 앞에서 조금 언급한 대로 이 스마트 리테일은 텐센트가 전략적으로 강화하고 있는 6가지 사업 분야 중 하나이다.

텐센트는 중국 내 전자상거래에서 B2C 마켓 분야의 시장 점유율 2위인 징둥상청京東商城(JD닷컴)의 최대 주주이다. JD는 2015년 중국의 대형 슈퍼마켓 체인점 '용후이마트永輝超市'와 전략적 제휴를 체결하고 출자하여 10%의 주식을 보유하고 있다. 2017년 12월에는 텐센트도 용후이마트 주식을 취득했다. 즉 텐센트도 전자상거래 업체인 JD 및 대형마트 용후이와 밀접한 그룹 관계를 맺었다(Glo Tech Trends, 「뉴 리테일 분야에서도 텐센트와 알리바바 격돌!? 텐센트도 소매업계 큰손 용후이마트 주식 취득」 2017년 12월 13일).

용후이마트는 2017년 1월 허마에서 호평받은 그로서란트 서비스와 같은 개념의 OMO 점포 '차오지우종超級物種'을 신규로 전개했다. 이에 따라 알리바바 '허마' 대 텐센트 '차오지우종'이라는 경쟁 구도가 만들어졌다.

게다가 차오지우종은 그로서란트 서비스뿐만 아니라 '반경 3km 이내 거리 30분 내 무료 배송', '모든 상품에 바코드를 붙인 생산 이력 추적 관리 실현' 등 다양한 면에서 허마를 모방한 서비스를 제공하고 있다. 원래 텐센트는 타사를 모방하는 경향이 강했던 것이다.

중국의 저명한 경제 저널리스트가 마화텅을 인터뷰한 기사에서 그는 이렇게 말했다. "늦게 시작하는 것이 가장 효과적인 방법이다." "텐센트는 모방자이지 창조자가 아니다." "마이크로소프트도, 구글도, 다른 사람의 것을 따라 하지 않았나. 가장 총명한 방법은 가장 멋진 것을 학습하는 것이며, 이어 기존의 것을 뛰어넘으면 되는 것이다. 그래서 나는 처음 무엇인가를 세상에 내놓는 식의 경쟁은 하지 않는다. 그런 일은 해도 의미가 없기 때문이다."라고 얘기했다고 한다(『2025년 일·중 기업 격차』).

이미 AI의 실현 시작

CES2019 사흘째 되는 날 하루 종일 '하이테크 소매업'이라는 프로그램이 진행됐는데, 〈아시아에서 최신 소매 트렌드를 알린다〉라는 제목의 세션에서 텐센트와 JD의 간부가 나란히 등장했다. 미국인 사회자는 "지금 하이테크 소매의 세계는 미국보다 중국 쪽이 앞서 있다. 두 회사의 최신 트렌드를 배웠으면 좋겠다."라고 소개했다.

이 세션에서도 동영상이 소개되었지만, JD는 CES2019에서 이미 중국에서 실용화되고 있는 택배용 소형 자율주행차, 택배용 드론, 입고부터 출하까지 완전 자동화된 창고, 블록체인을 활용한 판매 상품의 추적 기술 등을 전시해 큰 주목을 받았다. 중국 밖의 기업들이 기술 경쟁을 하고 있는 사이, 중국 기업들은 이 기술을 채용해 상업화나 사회적 실현에 나서고 있었던 것이다.

텐센트는 2018년 용후이마트와 공동으로 프랑스 소매 대기업인 까르푸에도 출자했다. 이는 '스마트 리테일'의 전 세계적인 확대를 염두에 두었기 때문이라고 생각한다. '기존 기술을 초월하는 것'을 놓고 경쟁을 벌이는 알리바바와 텐센트의 승부 향방은 앞으로도 주목해야 할 것이다.

마지막으로 SNS에서 확보한 강력한 고객 기반을 중심으로 B2C 비즈니스를 전개해 온 텐센트는 중국 정부의 게임 사업 규제 강화를 계기로, 비즈니스 전개 방향도 달리하여, '텐센트 클라우드' 등의 B2B 사업에도 힘을 쓰기 시작했다.

지금까지 본 것처럼 텐센트가 SNS, 금융, 스마트 리테일 등 다양한 사업을 전개하면서 확보한 빅데이터는 광범위하며 대용량이다. 이를 이용하여 최적화된 광고를 제공하는 등 마케팅 사업 등으로 확대할 가능성도 크다. 법인 고객을 대상으로 하는 클라우드 컴퓨팅이나 '빅데이터×AI' 사업은 앞으로 더욱 주목해야 할 필요가 있다.

구글 vs 바이두

검색 서비스에서 AI 사회 실현까지
사업 확장을 꾀하다

제4장에서는 검색 서비스의 최강자 구글과 중국에서 검색 서비스 1위인 바이두를 분석한다.

구글은 '모바일 퍼스트'에서 'AI 퍼스트'로 개발 전략을 전환했다. 말 그대로 구글의 AI 관련 기술력은 메가테크 기업 중에서도 가장 앞서 있다. 음성 AI 보조 기능을 사용한 스마트 시티의 실현이나 차세대 자동차 개발 분야에서 뛰어난 입지를 구축해 놓고 있다. 구글의 이러한 사업 운영 방식은 지주 회사 알파벳Alphabet의 미션인 "당신 주변의 세계를 이용하기 쉽고 편리하게 한다."를 기반으로 살펴보면 이해하기 쉽다. 구글이 내걸고 있는 '10가지 명제', 'OKR', '마음 챙김mindfulness' 또한 전략 분석에 중요한 키워드이다.

한편 바이두에 대해서는 모바일 결제 대응이 늦다는 등 부정적인 뉴스가 들린다. 그러한 바이두가 기사회생을 위해 승부를 걸고 있는 분야가 자율주행을 포함한 AI 사업이다. 바이두는 중국 정부의 위탁으로 자율주행 플랫폼 '아폴로 계획'을 발표하는 등, 'AI×자율주행' 사업에 주력하고 있다. 여기서는 바이두의 자율주행 프로젝트가 현실화되어 가는 과정을 CES2019의 보고서와 함께 해설할 것이다. 검색 서비스에서 시작한 두 회사가 사업영역을 점점 확장하여, 지금 자율주행 자동차의 세계에서 격전을 벌이는 단계에 도달했다.

구글의 사업 현황

'검색 기업'에서 다양한 사업으로 확대

이 책을 읽는 독자들 가운데 아마존, 애플, 페이스북 서비스를 이용하지 않는 사람이 있을 수도 있다. 하지만 구글을 사용하지 않는 사람은 없을 것이다. 세계 검색 시장에서 90% 이상의 시장 점유율을 자랑하는 구글은 인터넷으로 먹고 사는 전 세계 수많은 사람들의 생활에 넓고 깊게 관여하고 있다.

구글은 본업인 검색 서비스로 엄청난 광고 수익을 벌어들이고 있으며 수익구조를 보면 수익에서 가장 많은 비중을 차지하는 것이 검색 서비스임을 알 수 있다. 그런 의미에서 구글은 많은 사람들이 상상하는 대로 '검색의 기업'이라고 할 수 있다. 하지만 최근 구글은 사업영역을 다양한 분야로 확장하고 있으며, 전체상을 알기 위해서는 검색 서비스 이외의 사업으로 눈을 돌릴 필요가 있다.

구글의 전모를 파악하기 위해 먼저 알아야 할 사실은, 구글이 2015년 대규모 조직 개편을 단행, 지주회사 알파벳을 설립한 점이다. 현재 지주사인 알파벳 산하에 구글과 'Other Bets(그 외 수익)' 부문이 있다.

구글의 비즈니스 분야는 검색 서비스 말고도 지메일과 구글맵, 유튜브 등의 서비스, 웹브라우저 크롬, 스마트폰용 OS 안드로이드, 클라우드 등이 있다. 'Other Bets' 부문에는 자율주행 자동차 개발 프로젝트를 다루는 웨이모Waymo, 스마트 시티 계획을 전개하는 사이드워크 연구소, 알파고를 개발한 AI 기업 딥마인드DeepMind Technologies 등이 포함되어 있다.

여기서는 알파벳 산하에 있는 구글과 Other Bets에 대한 분석을 할 때 구글로 통칭할 것이다.

검색 서비스와 광고

먼저 구글의 '기반'인 검색 서비스에 대해 살펴보자.

구글의 검색 비즈니스는 창업자인 래리 페이지Larry Page와 세르게이 브린Sergey Brin이 개발했다. 구글의 검색 서비스는 '페이지 랭크'라는 구성으로 검색 정밀도를 향상시켰다는 특징이 있다.

검색 서비스의 핵심은 검색 결과이다. 인터넷상에 무수히 존재하는 웹사이트 중에서 검색어에 따라 어떤 사이트를 검색 결과로 표시하는지가 중요하다. 구글은 웹사이트가 "얼마나 링크를 펼칠 수 있는지"를 중시해서 검색 결과로 표시하는 구조를 채택했다.

이 구조는 검색의 정확도를 크게 향상시켰다. 보다 많은 링크가 펼쳐지는 웹사이트일수록 중요하다는 사고방식은 '민주적'이라고도 할 수 있다. 이 '민주적'이라는 말은 구글의 가치관으로 오랫동안 중시되어 왔다.

구글이 검색 서비스에서 광고 사업을 시작한 것은 2000년이었다.

사진 4-1 구글의 공동 창업자 중 한 사람인 전 CEO 래리 페이지
(출처: Stansfield PL at Wikimedia Commons, CC BY-SA 3.0 – https://commons.wikimedia.org/w/index.php?curid=30761826)

최초로 도입한 것은 '애드워즈'로, 이용자가 입력한 검색어에 따라 관련된 광고 링크가 나타난다. 구글은 광고 링크의 클릭 수에 따라 광고주로부터 요금을 받는다. 이 애드워즈는 현재 '구글 광고'라는 명칭으로 운영되고 있다.

애드워즈의 등장은 그야말로 광고로 먹고사는 업계에 큰 충격을 안겼다. 그전까지 광고를 낼 수 있는 미디어는 TV, 신문, 잡지 등의 매스미디어가 주류였는데, 구글 광고는 보다 저렴하고 폭이 넓어서 누구나 웹페이지에 광고를 낼 수 있게 되었다. 클릭 수 즉, 클릭이라는 실적에 따라 광고료를 지불하는 구조가 도입된 것은 말 그대로 '광고의 민주화'라고도 할 수 있다.

무료 서비스와 광고 비즈니스의 관계

구글은 지메일이나 구글맵 등 검색 서비스 이외에도 수많은 서비스를 제공하고 있다. 스마트폰을 위한 OS 안드로이드는 물론이고, 2006년 인수한 동영상 투고 사이트인 유튜브도 운영하고 있다.

이러한 서비스는 원칙적으로 이용자에게 무료로 제공된다. 그리고 구글은 이들 서비스에도 광고를 게재하여 광고주로부터 수익을 얻고 있다. 그 열쇠를 쥐고 있는 것이 이용자의 웹서비스 이용 이력과 AI이다.

구글은 여러분의 검색 이력과 지메일, 구글맵 이용 내역 등의 데이터를 수집하고 있다. 갖가지 빅데이터를 활용하고 AI로 분석함으로써 이용자의 관심도가 높은 광고를 노출할 수 있도록 했다.

이를테면 구글 광고로 수익을 벌어들이는 '애드센스'라는 서비스가 있다.

애드센스를 이용하고 있는 웹사이트는 웹사이트에 관련된 광고 이외에도, 이용자에 따라 최적화된 광고를 노출해 수익을 얻는다. 안드로이드 스마트폰 앱에 표시되는 광고, 지메일이나 구글맵의 화면에 표시되는 광고, 유튜브를 시청할 때 표시되는 광고 등은 기본적으로 이용자에게 최적화된 것이다.

검색어에 대응한 심플한 '구글 광고', 그리고 이용자의 행동과 AI의 활용에 따라 최적화되는 다양한 광고는 구글 사업의 중심이 되고 있다. 2017년 알파벳 매출액을 보면 85% 이상이 광고와 관련된 분야이다.

멈출 줄을 모르는 '니즈'의 첨예화와 광고의 최적화

구글의 검색 서비스와 광고의 관계, 그리고 '빅데이터×AI'의 가능성을 생각하면 '첨예화'라는 말이 떠오른다.

매일 '구글에서 검색'하는 사람이라면, 이용자가 입력한 검색어에 대응해 검색 결과만을 보여 주는 것이 아니라는 사실을 눈치챌 것이다. 검색하고자 하는 단어의 일부를 입력하면 그에 이어지는 단어들이 연달아 표시된다. 또한 하나의 검색어를 입력하면 추가될 단어의 후보들이 표시된다. 이용자의 요구에 맞춰 보다 범위를 좁혀 가는 구조로 되어 있는 것이다. 이 구조는 과거에 유사한 문자나 단어로 검색된 데이터 혹은 과거 이용자가 클릭했던 이력을 근거로 만들어진 데이터에 바탕한 것이다.

'빅데이터×AI'가 도입된 현재의 검색 서비스는 검색 서비스가 막 등장했던 초기와는 상당히 달라졌다. 과거의 검색 서비스는 이용자가 입력한 검색어에 맞는 웹사이트를 표시하는 구조였다. 즉 검색어 입력 당시 이용자는 니즈를 명확하게 인식하고 욕구에 만족하는 검색어를 입력하여 검색 결과를 보거나 더불어 노출된 광고를 볼 수 있었다.

그러나 '빅데이터×AI'에 의한 검색과 광고는 이용자의 니즈에 충분히 대응할 뿐만 아니라, 보다 잠재적인 니즈, 이용자 자신이 명확하게 의식하지 않은 니즈에 대응해 노출될 것이다. 앞으로 여러분이 구글의 검색 서비스를 이용할 경우 '구체적으로 의식하지 않았지만 강하게 흥미를 가지게 하는 정보'의 광고도 점점 노출되기 시작할 것이다.

기술을 급진전시켜, 이용자에게 보다 편리한 검색 서비스를 제공하는 행위는 또한 이용자의 니즈를 첨예화시킨다. 그와 동시에 구글 광고의 최적화도 첨예화될 것이다.

니즈의 첨예화　　　기술(테크놀로지)의 첨예화　　　광고 최적화의 첨예화

소비자의 니즈를 첨예화한다

광고의 최적화를 첨예화한다

그림 4-1　3가지의 첨예화

애플과는 다른 안드로이드의 비즈니스 모델

구글의 비즈니스를 이해하기 위해서는 스마트폰 OS인 안드로이드를 이해할 필요가 있다.

구글은 모바일을 위한 OS, 안드로이드의 제공을 2007년부터 시작했다. 2017년에는 전 세계 안드로이드 이용자가 20억 명을 돌파해, 전 세계 스마트폰 OS 중 약 85%의 점유율을 보였다(『주간 동양 경제』 2018년 12월 22일).

이 수치만 보면 애플이 iOS를 탑재한 아이폰과 앱스토어로 생태계를 구축한 현실이 떠오른다. '구글은 대체 어떤 규모로 시스템을 구축했는가'라고 생각하는 사람이 있을 것이다. 하지만 구글이 안드로이드로 구축한 사업 모델은 애플의 iOS와는 조금 모양새가 다르다.

구글이 안드로이드 OS를 무상 제공하는 이유에는 대략 2가지가 있다. 하나는 안드로이드를 탑재한 스마트폰의 이용자가 늘어나면 안드로이드와 함께 제공되는 구글 서비스의 이용자가 늘며, 이는 바로 광고 수입의 증가로 직결된다는 것이다.

안드로이드 가운데 '오픈 핸드셋 얼라이언스Open Handset Alliance: OHA'라는 OS가 있는데, 구글의 검색, 지도, 동영상 전송 등의 서비스를 이용할 수 있다.

또 한 가지는 구글의 앱 스토어 '구글 플레이'가 실행하는 콘텐츠의 판매이다. 애플의 앱스토어와 마찬가지로 구글 플레이도 앱을 판매한다. 구글 플레이를 통해 판매되는 앱이나 인앱 결제 콘텐츠에 대해, 구글은 판매액의 30%를 수수료로 얻는다. OHA를 통해 구글 플레이가 보편적으로 사용된다.

다만 iOS에서 이용할 수 있는 앱은 애플의 앱스토어에서만 다운받을 수 있는 데 반해, 안드로이드에서 구동되는 앱은 구글 플레이 외에 다른 곳에서도 다운로드할 수 있다. 구글은 앱 판매에서 아이폰만큼 강력한 생태계를 구축하고 있지는 않다.

스마트폰 앱 분석 회사 Sensor Tower의 조사에 의하면 2018년 상반기의 구글 플레이 앱 다운로드 수는 애플 앱스토어의 2배 이상이지만 수익은 거의 절반 정도에 불과하다. 이는 구글 플레이 이외에 앱스토어가 존재하고 안드로이드가 값싼 단말기에도 많이 탑재되고 있는 것, 개발도상국에서 보급률이 높은 것 등의 이유 때문이다.

또한 구글이 2010년 중국의 검색 비즈니스에서 철수한 사실도 안드로이드를 이용한 사업에 큰 난관을 초래했다. 경위는 이렇다.

안드로이드에는 '안드로이드 오픈소스 프로젝트AOSP'라 불리는 OS

가 있다. 제공되는 서비스는 OS의 중심 부분뿐이며, 스마트폰 메이커는 AOSP를 바탕으로 한 독자적인 OS를 만들어서 탑재할 수 있다. 이 AOSP에는 구글의 서비스가 탑재되어 있지 않다. 그리고 스마트폰의 거대 시장인 중국에서 보급되고 있는 안드로이드 스마트폰에 탑재된 것이 AOSP이다. 그러나 중국 국내에서는 구글의 서비스를 사용할 수 없다. 즉, 중국의 안드로이드 스마트폰으로는 구글의 검색도 구글 플레이도 구동할 수 없다. 지금 구글은 중국의 안드로이드 스마트폰에서 수익을 얻고 있지 않은 상황이다(『IT 빅4 애플, 아마존, 구글과 페이스북은 우리의 미래를 어떻게 바꿀까?』, 고쿠보 시게노부 지음).

이에 따라 구글 경영진은 열세를 만회하기 위해 우선 중국에서의 검색 사업 재개를 검토할 것이라고 했지만, 이에 대해 2018년 11월 사원들의 항의 사태가 벌어졌다. 사원들이 중국 당국의 검열을 우려한 것이다. 검열을 걱정하는 사원들과 중국에서 사업을 재개하려는 경영 간부와의 의견 차이가 드러난 순간이다. 구글이 앞으로 거대한 중국 시장을 공략하는 데에는 어려운 관문이 몇 개 있을 것이다.

모바일 우선에서 AI 우선으로

2016년, 구글은 사업 방향을 '모바일 우선'에서 'AI 우선'으로 변경하겠다고 표명했다. 구글의 AI에 관한 기술력은 메가테크 기업 중에서도 가장 우위에 있다. AI 관련한 세계 정상급의 연구 조직 '구글 브레인'을 보유하고 있으며, AI 국제 학회 'NIPS'에 제출한 논문 수도 2017년 미국 MIT를 제치고 1위가 되었다(『주간 동양 경제』 2018년 12월 22일).

구글의 AI 기술력을 상징하는 것 중 하나가 음성 AI 보조 기능 '구글 어시스턴트'이다. 아마존의 알렉사와 비슷한 이 구글 어시스턴트를 탑재한 스피커 '구글 홈'의 발매를 계기로 구글은 하드웨어 판매에 본격적으로 나섰다.

경쟁력에서 우위에 있는 AI 기술력을 충분히 활용할 수 있는 분야가 완전 자율주행 자동차이다. 구글은 2009년부터 '자율주행'의 실용화를 향해 움직이기 시작했다. 2016년에는 자율주행차 개발 프로젝트를 모태로 한 회사가 설립되었는데, 웨이모가 그것이다. 2018년 2월 기준 일반 도로에서 실행한 시험 주행 거리가 약 800만km에 달했다고 한다. 카메라나 고정밀 지도, AI 등을 탑재한 구글 자동차가 달리는 모습에 전 세계가 주목하고 있다. 차세대 자동차로 진출했다는 점에서 메가테크 기업 중에서도 특출난 위치를 차지하고 있는 것이다.

자율주행과 관련한 구글의 프로젝트 진척 과정에 대해 간단히 되짚어보자. 구글이 자율주행 자동차를 개발 중이라고 발표한 시점은 2010년 10월이었다. 이때 '레벨4'의 완전 자율주행을 목표로 한다고 밝혔다.

2012년 3월 시청각장애인을 태운 시험 주행을 유튜브에 공개했고, 같은 해 5월에는 네바타 주에서 미국 최초로 자율주행 전용 특허를 취득했다.

2014년 1월에는 GM, 아우디, 혼다, 현대, 엔비디아 등이 참가하는 OAAOpen Automotive Alliance라는 것을 발표했다. 이는 안드로이드의 차량화 프로젝트이다. 먼저 안드로이드 단말기와 자동차 제어 기능의 연계부터 시작해, 최종적으로는 안드로이드의 차량 OS화를 목표로 하고 있다.

그리고 2016년 12월 자율주행 프로젝트를 진행해 온 연구 조직 '구글

X'의 개발 프로젝트를 종료하고, 웨이모를 설립하여 본격 사업화를 추진한다고 발표했다. 웨이모는 2018년 12월 미국에서 자율주행 택시의 상업화를 세계에서 처음 시작했다. 2018년은 많은 자동차 메이커나 기술 기업이 1년 안팎으로 자율주행차를 실용화한다는 계획을 발표한 해인데, 구글이 자율주행 택시의 상용화로 초기 단계에서 해당 영역을 선점한 것이다.

앞서 언급한 대로, 구글 매출의 대부분은 광고 수입이 차지하고 있다. 또한 스마트폰 OS인 안드로이드가 상징하듯이 오픈 플랫폼을 지향하고 있다. 이 모든 것을 종합해 볼 때, 구글이 자율주행 비즈니스에서 실현하고자 하는 목표는 하드웨어 제공만이 아닐 것이다.

필자의 생각은 이렇다. 구글은 자율주행을 통해 OS를 오픈 플랫폼으로 광범위하게 제공함으로써, 고객과 접점을 늘려 새로운 서비스를 제공하고, 최종적으로는 광고 수입의 대폭 확대를 노리고 있다는 것이다.

— 02 —

구글의 5요소

도·천·지·장·법에 따른 전략 분석

구글에 대한 전체상을 대략 설명했으니 지금부터 도, 천, 지, 장, 법을 토대로 구글을 분석해 보자. 그림 4-2를 참조하길 바란다.

구글의 '도'

구글은 미션으로 "전 세계의 정보를 정리하여, 전 세계 사람들이 접속하고 사용토록 하는것"을 들고 있다. 지주회사인 알파벳은 "당신의 주변 세계를 이용하기 쉽고 편리하게 하는 것"을 사명으로 내걸었다.

검색 서비스로 창업한 구글에게 전자는 불변의 사명으로 자리매김했다. 물론 구글이 '정리하고 있는' 것은 웹사이트의 정보뿐만이 아니다. 구

미션·비전 가치·전략

도

미션
전 세계 정보를 정리해 전 세계 사람들이
접속하고 사용토록 함

비전
AI의 민주화

가치
구글이 제시한 10가지 명제

'지구상의 모든 정보와 행동을 디지털화
X
모든 것을 수익원으로 하는' 기업

**'생활의 질 향상 기회'가
'하늘의 때'**

하늘의 때
천

• P정치: 자유를 사랑하며 중국 검열을
거부해 중국에서 철수, AI 민주화
• E경제: 개방 경제 추진
• S사회: 다양성을 중시
• T기술: 정보 정리 노하우가
비즈니스 기회:
검색, 동영상, 지도, 공간, AI,
빅데이터, 자율주행

**'디지털화 X AI'를
기축으로 성장**

땅의 이로움
지

• 본사: 실리콘 밸리
• 주전장: AI의 민주화
• 강점: 디지털 X AI
　• 검색, 광고
　• 동영상
　• 지도, 공간
　• 각종 툴
　• 안드로이드
　• 클라우드
　• 자율주행, 스마트시티

리더십
장

• CEO 선다 피차이의 리더십:
'유능하면서 동료에게 사랑받는다'
'배려할 줄 아는 리더십'
• '사원이 일하기 좋은 기업'
• 마인드풀니스
• OKR

매니지먼트
법

• '플랫폼 & 생태계': 안드로이드, 구글플레이
• '사업구조': 검색, 동영상 공유, 지도 등의 구
글 비즈니스, 자율주행 개발과 스마트 시티
계획 등 기타 사업(Other Bets)
• '수익구조': 구글 비즈니스에서 얻는 수익이
99%, 그중 광고 수입이 86%, 기타 사업에서
얻는 수익은 1%

그림 4-2　5요소 분석법으로 보는 '구글의 대전략' 분석

글 지도나 스트리트 뷰는 전 세계 도시의 지도나 풍경을 담아 정리하고, 지메일은 이메일 데이터를 정리하고, 구글 북스에서는 서적의 내용을 정리한다. 이러한 정보에 누구나 손쉽게 접속하여, 편리하게 이용할 수 있도록 하는 것을 목표로 하고 있는 것이다. 이처럼 다양한 정보를 정리하여 접속 가능토록 하는 것은, 한편으로 이용자에게 광고를 더 많이 노출시킬 수 있게 한다. 구글에게 '정보 제공'과 광고 비즈니스는 동전의 양면 관계와 같다.

그러나 구글의 미션은 정보의 제공과 광고 비즈니스라는 단면으로는 완전히 이해할 수 없다. 필자는 구글이 미션의 진정한 의미를 실현하기 위해 언어가 의미하는 범위를 넘어 미션을 진화시키고 있다고 생각한다.

예를 들어 '모바일 우선' 정책을 통해 안드로이드를 제공한 것도 "전 세계의 정보를 정리해 전 세계 사람이 접속하고 사용할 수 있도록 하는 것"이라는 미션의 진화에 의한 것이라고 볼 수 있다. 안드로이드가 실현되었다는 것은 모바일을 통해서도 언제든지 구글이 정리한 정보에 접근할 수 있게 되었다는 것으로서, 고객 경험의 향상을 의미하기도 한다.

나아가 구글이 'AI 우선' 정책을 통해 자율주행이나 스마트 시티를 실현시키고자 하는 것은 "전 세계의 정보를 정리해 전 세계 사람이 접속하고 사용하게 하는 것"이 더욱 자연스럽고 쾌적하게 이루어지는 세계를 만들어 내기 위함이라고 생각한다.

예를 들어 자율주행이 실현되면, 사람은 운전을 자동차에게 맡기게 되며 자동차 안에서 지내는 법도 달라질 것이다. AI로 제어되기 때문에 운전에 신경 쓸 필요가 없는 자동차 안은 자신의 시간을 자유롭게 보낼 수

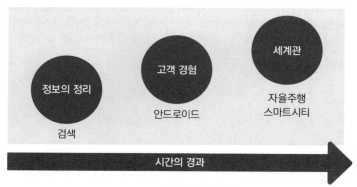

전 세계의 정보를 정리하여, 전 세계 사람들이 접속하고 사용하게 하는 것

그림 4-3 구글 미션의 진화

있는 공간이 되는 것이다.

여기서 말하는 '자유롭게 지낸다'라는 것은 여러 가지 상황을 의미한 다. 이를테면 알고 싶은 것에 대해 AI 보조 기능에 질문하거나, 듣고 싶은 음악을 AI 보조 기능에게 재생해 달라고 하는 등 이용 가능한 정보를 자 유자재로 활용하는 상황을 포함하는 것이다.

자율주행이나 스마트 시티가 목표로 하는 세계관은 구글 미션 진화의 종착점이며, 알파벳의 미션인 '당신의 주변 세계를 이용하기 쉽고 편리하 게 하는 것'으로 연결될 것이다(그림 4-3).

구글의 '천'

구글의 '천'은 세계의 정보를 정리해서 전 세계 사람들이 접속하고 사 용하게 만들 수 있는 기회이다.

현재 AI의 발달이야말로 구글의 '천'이라고 할 수 있다. "모바일 우선에서 AI 우선으로"라는 방향의 전환이 그것이다. AI에 주력하는 것이야말로 구글이 미션을 완수하기 위한 중요한 조건이라는 게 구글의 판단이다.

구글은 지금까지 수많은 선도적인 기술로 계속 성장해 왔지만, 클라우드 컴퓨팅이나 대형 프로젝트 등의 분야에서는 여타 메가테크 기업에 뒤처졌다. 예를 들어 현재 구글은 클라우드 사업에 힘을 쏟고 있지만, 아마존의 AWS와 어깨를 나란히 하기까지는 시간이 걸릴 것 같다.

또한 막대한 수입의 대부분을 광고 수입에 의존하고 있다는 것은 구글의 광고 비즈니스가 그만큼 경쟁력이 있다는 뜻도 되지만, 광고 사업 이외의 수익 사업에서는 큰 진전이 없다는 뜻도 된다.

이러한 배경도 구글이 AI에 주력하는 이유가 될 수 있다. 구글에게는 AI 사업이야말로 '과학 기술 기업으로 재탄생하기 위한 것'이다. 예를 들어 2017년 5월 구글의 인공지능 '알파고'는 바둑의 세계 챔피언과 대결하여 여유 있게 승리했다.

이는 당시 세계적인 화제가 되었다. 이 알파고의 기초가 되는 기계학습 기술인 '텐서 플로Tensor Flow'는 오픈소스로 공개되어 있다. 구글은 자사의 오픈소스를 많은 개발자들이 활용하여, 거대한 생태계를 구축하기를 바라고 있다.

AI용 반도체 개발에 진출한 사실도 놓칠 수 없다. 구글이 개발한 AI 반도체가 바둑 세계 챔피언과의 대결에서 승리한 그 알파고에도 탑재되어 있다. 반도체를 독자적으로 개발하는 데에는 통상적으로 몇 년이 소요된다. 하지만 구글은 설계부터 운용까지 1년 만에 끝마쳤다. 이것 또한 'AI

우선'으로의 전환을 가속시키는 촉진제이다.

물론 우리 일상에서도 이미 구글의 AI가 활약하기 시작했다. AI 스피커인 구글 홈이나 영상통화 앱인 구글 듀오 등, AI 기술을 적용한 소프트웨어가 다수 판매되고 있다. 앞으로 보다 다양한 제품에 AI 기술이 탑재될 것이다.

구글의 '지'

구글의 사업을 한마디로 표현한다면 "전 세계의 방대한 정보나 커뮤니케이션, 행동 등을 디지털화해서, 광고 수입으로 수익화하는 비즈니스 모델이나 플랫폼의 구축"이다.

사업영역은 전모를 파악하기 힘들 정도로 확대되고 있다. "당신의 주변 세상을 이용하기 쉽고 편리하게 하는 것"이라는 지주회사 알파벳의 미션을 생각하면, 구글이 AI 기술을 활용해 '이용하기 쉽고 편리하게 하는 것'에 착수하는 것은 자연스러운 흐름이다. 이는 미래 비즈니스의 영역을 만드는 사업이다.

예컨대 앞에서 약간 언급했지만, 알파벳 산하에 있는 사이드워크 연구소가 진출한 스마트 시티 프로젝트를 보자. 사이드워크 연구소가 진행하고 있는 '스마트 시티'란 어떤 것인지 그 일부를 소개하고자 한다.

미래의 도로는 현재와 같이 콘크리트로 굳어져서 용도가 정해져 버린 기존 도로와는 질적으로 다르다. 스위치 하나만 눌러도 시간대에 따라 용도나 조명이 바뀔 수 있다.

출근 시간 러시아워 때에는 버스 전용 도로였던 곳이, 낮에는 아이들의 놀이터로 바뀔 수 있다. 월요일 통근용 자동차 도로였던 곳이 일요일에는 농산물의 직판장으로 바뀔 수 있다. 도로는 시시각각으로 변화하는 유연한 공간이어야 한다. 절대로 교통량이 넘치거나 배려심 없는 위험한 자동차가 오가는 공간이 아니다. 이것이 사이드워크의 발상이다. (WIRED 일본판, 「구글이 만드는 미래 도시의 도로는 유연하게 변화한다」 2018년 8월 21일)

그야말로 구글이 추구하는 사업영역의 범위를 짐작할 수 있는 프로젝트이다.

구글의 '장'

구글의 공동 창업자 중 한 명인 전 CEO 래리 페이지는 현 CEO 선다 피차이를 다방면에서 신뢰하고 있다. 피차이에 대해 아는 것이 지금 구글의 '장', 즉 구글의 리더십을 이해하는 것으로 이어진다.

우선 피차이의 경력을 소개한다. 그는 1972년 인도에서 태어났다. 아버지는 부품을 조립하는 공장을 경영하고 있었으나, 12살이 될 때까지 집에 전화가 없을 정도로 가난했다. 피차이는 매우 우수했으며, 인도의 명문 공과대학에서 엔지니어링을 배운 후 장학금을 받아 스탠포드 대학에 진학했다. 그러나 반도체 제조회사에 취업하면서 중퇴하고, MBA를 취득한 이후 컨설팅 회사인 맥킨지에서 경험을 쌓았다.

피차이가 2004년 구글에 입사하여 펼친 활약은 눈부셨다. 젊은 나이에 크롬 브라우저나 안드로이드, 크롬 OS와 같은 주요 사업을 총괄했다.

구글이 독자적인 브라우저를 개발한 것은 피차이의 아이디어에서 비롯되었다고 한다. 그리고 '비즈니스도 기술력도 겸비한' 인재로서 사내외에서 높은 평가를 받게 되었다. 피차이는 여타 메가테크 기업들의 경영자와는 꽤 다른 성격의 소유자이다. 매우 친근한 성품으로, "사람과의 다툼을 좋아하지 않고 협조를 가장 중요하게 여긴다."라고 알려져 있다. 즉 피차이는 매우 유능할 뿐만 아니라 남에게 사랑받는 인물 유형이다.

사원이 일하고 싶다고 생각하는 회사, 일하기 좋은 회사를 지향하고 있는 구글이 CEO로 지명한 피차이는, 그래서 납득할 만한 인물이다.

사진 4-2 구글의 현 CEO 선다 피차이
(출처: Maurizio Pesce from Milan, Italy at flickr, CC BY 2.0 – https://www.flickr.com/photos/
pestoverde/15059553219/)

구글의 '법'

이어 구글의 '법', 즉 사업구조와 수익구조에 대해 분석하겠다. 미션과 더불어 삼위일체로 '미션×사업구조×수익구조'로 보면 이해하기 쉬울 것이다.

반복해서 설명하지만, 구글의 미션은 "전 세계의 정보를 정리해 전 세계 사람들이 접속해서 사용할 수 있도록 하는 것"이다. 이러한 미션 아래, 검색 서비스, 동영상 공유 서비스, 지도 서비스 등 '소비자가 원하는 정보를 제공하기 위한 수단'을 대량으로 제공하는 사업구조를 가지고 있다. 그리고 이러한 서비스들을 통해 모든 정보를 디지털화하여 광고 사업으로 수익화하는 것이다.

그림 4-4 구글의 '미션 × 사업구조 × 수익구조'

예컨대 구체적인 수익구조로 2017년도 실적을 살펴보자. 2017년 알파벳의 총매출은 1109억 달러인데, 이 중 구글의 매출이 1097억 달러로 99%에 달하며 그중에서도 광고 분야 매출이 954억 달러로 약 86%를 차지한다. 기타 사업의 매출은 12억 달러(1%)이다.

─ 03 ─

존재 가치를 정의한
'구글이 말하는 10가지 명제'
강함의 원천 ①

'어떤 존재를 목표로 할 것인가'의 행동 지침

구글이라는 기업이 어떻게 지금의 입지를 구축해 왔으며, 앞으로 어떤 존재가 될 것을 목표로 하고 있는지 알기 위해서는, '구글이 말하는 10가지 명제'에 대해 먼저 숙지할 필요가 있다. 다음은 구글의 사이트에서 인용한 것이다.

1. 이용자에게 초점을 맞추면, 다른 것은 모두 뒤따라온다.
2. 한 가지 일을 철저하게 잘하는 것이 먼저다.
3. 늦는 것보다 빠른 것이 좋다.
4. 웹상의 민주주의는 기능한다.

5. 정보 탐색을 원하는 것은 컴퓨터 앞에 있을 때만이 아니다.

6. 나쁜 일에 손을 벌리지 않아도 돈을 벌 수 있다.

7. 세계에는 정보가 넘쳐난다.

8. 정보에 대한 갈증은 모든 국경을 초월한다.

9. 정장이 없어도 진지하게 일할 수 있다.

10. '훌륭하다'로는 만족할 수 없다.

구글이 '10가지 명제'를 만든 것은 회사 설립 이후 몇 년이 지난 뒤였다. 구글은 "상시 이 리스트를 다시 확인하고, 현실과 괴리가 있는지 어떤지를 확인"하고 있으며, "10가지 명제가 현실임을 바라면서, 항상 이대로 할 수 있도록 노력"한다고 밝히고 있다.

경영학적으로 보면 이 '10가지 명제'는 구글에서 일하는 모든 사람의 행동 지침이다. 각각의 항목에 대해 구글이 어떻게 인식하고 있는지 보다 구체적으로 분석하면서, 구글의 강함의 원천에 대해 알아보자.

1. 이용자에게 초점을 맞추면, 다른 것은 모두 뒤따라온다.

구글은 "처음부터 이용자의 가변성을 제일 우선으로 생각하여" "새로운 웹브라우저를 개발할 때도 홈페이지의 외관에 손을 댈 때도" "내부의 목표나 수익이 아닌 이용자를 가장 중시"해 왔다고 설명하고 있다.

확실히 구글의 홈페이지는 매우 명료하며, 다른 포털 사이트처럼 어지럽게 광고가 널려 있지 않다. 이는 이용자가 검색할 때 헤매지 않도록 하는 것을 중시한다는 증거이다. 또한 검색 결과와 함께 표시되는 구글의 광고는 광고임을 분명히 명시하고 있다. 검색 결과를 볼 때 방해되지 않도록 간단하게 나타나도록 한다. 이 '사실'과 실제 구글의 모습을 비교해 보면 구글이 이용자를 생각하는 정도를 짐작할 수 있다.

2. 한 가지 일을 철저하게 잘하는 것이 먼저다.

구글은 "검색 문제를 해결하는 데 초점을 맞춘 세계 최대급의 연구 그룹을 가지고 있다. 검색 분야에서 축적한 기술은 지메일, 구글 지도 등의 새로운 서비스에도 응용되고 있으며, 검색 기술을 활용함으로써 이용자가 다양한 측면에서 다양한 정보에 접속해 이용할 수 있도록 계속 노력한다."라고 선언했다.

앞서 언급한 대로 '본업'인 검색 기술을 갈고 닦아온 구글은 '빅데이터×AI'라는 다음 단계로 진화했다. 그럼으로써 이용자의 니즈를 첨예화하고 광고의 최적화도 달성하여 잠재적인 니즈에 대응할 수 있는 수준에 도달한 것이다.

3. 늦는 것보다 빠른 것이 좋다.

더 쉽게 설명하면 이용자를 기다리게 하지 않는 것, 이용자의 귀중한 시간을 빼앗지 않는 것이다. 구글이 검색 서비스에서 목표로 하는 것은 단 하나 고객 편의성으로 '필요로 하는 정보'를 '순식간에 제공'하는 것이다. '자사의 웹사이트에 이용자가 머무르는 시간을 가능한 한 짧게 하는 것을 목표로 하고 있는 회사는 전 세계에서 아마 구글뿐'이라고 자신하고 있을 것이다. 또한 "새로운 서비스를 발표할 때는 항상 속도를 염두에 두고 있다."라고 설명했다.

　이용자와의 계약이라는 관점에서 본다면, 자사 사이트에 가능한 한 오래 머물게 하고 싶다는 것이 기업들의 일반적 인식이다. 그러나 구글은 이용자의 편의성을 철저하게 지향한다고 천명한다. 구글의 검색 서비스가 이용자의 지지를 받아 지금의 입지를 구축할 수 있었던 이유는 구글의 이런 전략적 자세에 근거한다 할 것이다.

4. 웹상의 민주주의는 기능한다.

　앞서 설명한 대로 구글의 검색에는 '페이지랭크'라는 기술이 쓰이고 있다. 웹사이트가 '얼마나 링크를 펼칠 수 있는지'를 중시해서 검색 결과에 반영하는 것이다. 구글은 페이지랭크에 대해서 "페이지 간의 링크를 '투표'로 해석해, 어떤 사이트가 최고의 정보원으로서 선택받고 있는지를 분석"하고 있으며 "새로운 사이트가 생길 때마다 정보원과 투표수가 증가한다"는 사실을 인지하고 있다. 웹이 확대될수록 그 효과는 높아진다는 설명이다. 구글은 또한 페이지랭크와 함께, "많은 프로그래머가 힘을 모으면 모을수록 계속해서 기술 혁신이 이루어질 수 있기 때문에 오픈소스 소프트웨어 개발에 더욱 힘을 쏟고 있는 것"에 대해서도 강조하고 있다.

　페이지랭크의 알고리즘을 설명하는 데 '투표'라는 단어를 쓰고 있는 것, 그리고 오픈소스 소프트웨어 개발에 주력하고 있는 것 등은 '민주주의'를 중시하는 기업 문화를 반영하는 것이라고 구글은 밝히고 있다. 구글은 인터넷을 통해 "사람 한 명 한 명에게 힘을 북돋워 주는 것"을 목표로 하고 있다고 강조한다.

5. 정보 탐색을 원하는 것은 컴퓨터 앞에 있을 때만이 아니다.

이에 대해서는 "세계가 점점 모바일화해 가고 있기 때문에 언제 어디서든 시간이나 장소에 구애받지 않고 필요한 정보에 접속할 수 있어야 한다."라고 제시하고 있다. 구글의 안드로이드 폰은 "이용자의 선택지를 더욱 확대하여 선진적인 모바일 체험을 할 수 있도록 할 뿐만 아니라, 휴대전화 통신사업자, 메이커, 개발자에게는 새로운 수입 기회를 제공한다." 모바일 우선에서 AI 우선으로 방침을 전환했다고는 하지만, 구글의 모바일 중시 비즈니스는 앞으로도 계속될 것이다.

6. 나쁜 일에 손을 벌리지 않아도 돈을 벌 수 있다.

이는 구글이라는 기업의 운영 양태를 잘 드러내고 있다. 구글은 영리 기업으로 광고에서 수익을 내고 있다고 선언하였으나, 검색 결과 페이지에 검색 내용과 '관련 없는 광고'는 게재하지 않고 있다. 게재하는 광고도 '스폰서에 의한 광고 링크(스폰서 링크)'임을 반드시 명기하고 있다. 아울러 검색 결과의 랭크에 접속해 파트너 사이트의 순위를 인위적으로 높이는 행위는 절대 없다고 선언했다. 이용자는 구글의 객관성을 신뢰하고 있다. 그런 신뢰를 잃는다면 단기적으로 수익이 증가해도 의미가 없다는 입장을 유지하고 있다. 이러한 자세는 이용자에게 좋을 뿐만 아니라, 광고의 최적화라는 관점에서도 매우 효과적이라고 할 수 있다.

7. 세상에는 정보가 넘쳐난다.

구글은 미션에 의거해 '정보의 정리'에 주력하고 있다. 웹사이트뿐만 아니라 '뉴스 아카이브, 특허, 학술지, 수십억 장의 그림이나 수백만 권의 서적을 검색하는 기능'에도 도전해 왔다. 그리고 "앞으로도 전 세계의 모든 정보를 검색 이용자에게 제공하기 위해 개발을 계속할 것"이라고 선언했다. 세계의 온갖 정보나 사람들의 행동을 데이터화하는 것은 '빅데이터 ×AI'에 의한 검색 서비스의 변화를 촉진할 것이다. 이는 당연히 구글의 경쟁력 우위로 이어진다.

8. 정보에 대한 갈증은 모든 국경을 넘는다.

구글은 "전 세계의 이용자에게 모든 언어로 모든 정보에 접속하는 서비스를 제공하는 것을 목표"로 하고 있다. 실제 '검색 결과의 반 이상을 미국 밖의 이용자에게 제공'하고 있다. 구글은 2010년 중국 시장에서 철수했지만, 최근 중국 시장 재진입이 거론되고 있는 상황에서 앞으로의 추이를 주시할 필요가 있다.

9. 정장이 없어도 진지하게 일할 수 있다.

구글의 공동 창업자는 "일은 도전으로 가득 차 있어야 한다. 도전은 즐겁지 않으면 안 된다."라는 생각을 품고 있다. 그리고 "구글의 사원은 '다양한 배경을 가지고, 에너지와 열정을 내뿜으면서 일, 놀이, 인생에 독창적으로 접근'하고 있다."라고 말했다.

"편안한 분위기의 카페, 팀 미팅, 헬스장 등에서 탄생한 새로운 아이디어는 순식간에 피드백을 받고 시행착오를 거치면서 바로 구체적인 형태로 나타난다."라고도 설명한 바 있다. 구글이 자율성이나 다양성을 소중하게 여기고 있다는 것은 잘 알려져 있다. 이는 사원을 존중한다는 의미일 뿐만 아니라, 혁신을 계속 창출하기 위한 방법이기도 하다는 것이 구글의 판단이다.

10. '훌륭하다'로는 만족할 수 없다.

구글은 "달성할 수 없다고 생각되는 수준을 목표로 설정하면, 목표 달성을 향해 전력을 기울여 기대 이상의 성과를 얻게 된다."라고 강조한다. 그리고 "현재 상황에 만족하지 않는 것이 구글의 모든 원동력이다."라고 설명한다. 이는 구글이 어떻게 혁신을 계속 창출하고 있는지, 그 비밀을 풀어 주는 열쇠이다.

지금까지 10가지의 명제를 확인해 왔는데, 특히 9번과 10번 명제에 대해서는 보다 구체적으로 다루고 싶다. 구글이 어떻게 혁신을 계속 만들어 내고 있는지 이 책에서는 'OKR'과 '마음 챙김'에 주목해 설명할 것이다.

— 04 —

구글 개발력의 비밀 'OKR'
강함의 원천 ②

"다방면의 조직이 목표를 향해 전진하는 데
 도움을 주는 명료한 프로세스"

 구글이 혁신을 계속 이뤄내고 있는 이유는 대담한 비전과 야심 찬 목표를 실현하는 수단으로 'OKR'이 기능하고 있기 때문이라고 필자는 판단하고 있다.

 OKR에 대해 구글의 공동 창업자이자 알파벳의 CEO인 래리 페이지는 다음과 같이 말하고 있다.

 OKR이란 다방면의 조직이 목표를 향해 전진하는 데 도움이 되는 명료한
 프로세스이다.

OKR을 사용하면 리더의 조직 장악력이 한층 높아진다. 또한 건설적인 반론의 재료가 된다. 예를 들어 이런 느낌이다. "왜 이용자는 유튜브에 곧바로 동영상을 업로드할 수 없나? 이것이 너희들에게 다음 제4분기 목표보다도 중요한 게 아닌가?"

OKR은 우리들이 10배의 성장을 달성하고 그것을 몇 번이고 반복하는 과정에서 중요한 역할을 해 왔다. '전 세계의 정보를 정리'한다는 말도 안 되는 거대한 미션에 근접하게 된 것도 OKR이 있었기 때문이다.

(『OKR 전설적인 벤처투자자가 구글에 전해 준 성공 방식』, 존 도어 지음)

OKR이란 '목표Objectives'와 '핵심 결과Key Results'의 앞글자를 딴 말이다. 과거 래리 페이지 등 구글의 경영진을 대상으로 OKR에 대해 강의한 존 도어에 따르면 "회사 내 다방면의 조직이 하나의 중요한 과제에 더욱 전력을 기울이게 하는 경영 관리 기법"을 말한다.

존 도어는 OKR에서의 목표에 대해 "중요하고 구체적이며 행동을 독촉하고 사람들을 고무시키는 것"으로 정의한다. 이어 핵심 결과는 "목표를 '어떻게' 달성하고 있는지 모니터링하는 기준으로, 구체적이고 시간축이 확실하며, 의욕적이면서 현실적이다. 무엇보다 중요한 것은 측정 가능보다 검증 가능이 되어야 한다."라고 설명했다.

예를 들어 현 구글 CEO인 피차이는 웹브라우저 '구글 크롬'을 개발했던 당시를 돌이켜보면서, 야심 찬 목표를 설정하고 "스트레칭 OKR의 위력을 접한 것은 이때가 처음이었다."라고 말했다.

피차이에 따르면 구글 크롬은 이미 기득권이 차지한 브라우저 시장에, 0부터 진입한다는 어려운 상황 속에서 시도되었다. 첫해인 2008년 "7일간 활동 이용자를 2000만 명 이상으로 유지한다."라는 목표를 가지고 있었다고 한다. 피차이는 이 목표에 대해 "절대 달성할 수 없다고 생각했다."라고 말했다. 이 목표는 달성하지 못했지만 2009년에는 스트레칭 OKR을 통해 목표를 5000만 명으로 설정했다. 실제 실적이 3800만 명에 달하자 2010년에는 더 높여서 1억 1100만 명으로 설정했다. 그리고 그해 제3사분기, 7일간 활동 이용자 수가 드디어 1억 1100만 명에 이르렀다. 목표를 달성한 것이다. 그리고 오늘날 크롬의 활동 이용자 수는 모바일에서만 10억 명이 넘는 규모로 성장했다(『OKR 전설적인 벤처투자자가 구글에 전해 준 성공 방식』).

이처럼 실례를 보면 OKR이란 단순한 목표 관리 제도가 아닌, 야심 찬 목표를 실현하는 수단임을 알 수 있다.

구글의 최고 관리 책임자CMO 이와무라 미즈키岩村水樹는 저서 『워크 스마트』에서 OKR에 대해 다음과 같이 설명한다. "구글은 회사 전체가 OKR을 설정해 사원과 공유하고 각 팀도 각각 OKR을 설정하고 있다. OKR의 가장 큰 이점은 일의 우선순위가 명확해진다는 점이다. 또한 달성 정도에 대한 평가를 회사 전체가 공유하기 때문에 투명성이 높아진다는 효과가 있다. OKR을 활용해 혁신을 촉진하기 위한 포인트는 높은 목표를 설정하는 것이다. OKR에서 설정하는 목표는 명백하게 실현 가능한 것보다 높게 잡는다. 때로는 아마 달성 못 할 것이라고 생각될 정도로 높은 수준을 설정하는 경우도 있다. 도달할 수 있다고 사전에 충분히 알고 있는 목표로는, 도전이나 성장의 여지가 생기지 않기 때문이다."

필자는 OKR의 본질에 대해 "스티브 잡스나 제프 베조스와 같은 천재적 창업 경영자를 복제하는 방법"이라고 생각한다.

— 05 —

구글 가치관의 상징 '마음 챙김'
강함의 원천 ③

'자신의 내면 탐구'

구글의 상징으로 다른 메가테크 기업에서는 볼 수 없는 요소가 '마음 챙김mindfulness'이다. 마인드풀니스란 말에서 명상을 떠올리는 사람이 많을 것이다. 하지만 이는 선禪의 세계에서 행해지는 명상만을 가리키는 것이 아니다. 최근에는 스트레스 환자를 치료하는 처방법으로 의료 현장 등에 도입되고 있다. 구글은 사원 교육 과정에 EQ(정서지능)를 함양하는 프로그램으로, 마음 챙김을 도입하고 있다. '자신의 내면 탐구Search Inside Yourself: SIY'라고 불리는 프로그램이다.

한때 구글 연구원으로 재직하면서 SIY를 개발한 차드 멍 탄Chade-Meng Tan은 저서 『너의 내면을 검색하라』에서 SIY의 세 단계를 다음과 같이 소개하고 있다.

1. 주의력 훈련

주의력은 고도의 인지 능력이나 심리 능력의 기초이다. 따라서 EQ를 단련시키기 위한 커리큘럼은 먼저 주의력 훈련부터 시작해야 한다. 이 훈련의 목적은 주의력을 단련시키고 평온하고 명료한 마음을 기르는 것에 있다. 이와 같은 마음이 EQ의 토대가 된다.

2. 자기 이해와 자기 통제

단련시킨 주의력으로 자신의 인지적 프로세스나 심리 프로세스를 높은 해상도로 지각할 수 있게 한다. 그러면 자신의 사고의 흐름이나 심리의 프로세스를 제3자의 시점에서 객관적으로 매우 명료하게 관찰할 수 있다. 그리고 최종적으로는 자기 통제를 통해 깊은 자기 인식을 얻을 수 있다.

3. 유용한 정신 습관 창조

누구든지 사람과 만나면 반드시 '이 사람이 행복했으면 좋겠다.'라고 먼저 반사적으로 생각하는 습관이 몸에 배어 있는 것을 상상해 보자. 그런 습관이 배어 있으면 현장이 일변한다. 이와 같이 성실한 선의를 상대방은 무의식적으로 눈치채기에 매우 건설적인 협력 관계로 이어지며 유익한 신뢰를 쌓게 된다. 이런 습관은 자신의 의지로 익힐 수 있다.

주의력 훈련이란 마음 챙김에서 말하는 '지금 여기'에 집중하여 잡념을 떨치는 것을 가리킨다. 또한 자기 이해와 자기 통제는 눈앞에 있는 것을 있는 그대로 바라보고 자신을 제3자의 시점에서 볼 것을 요구한다. 마음 챙김을 실천하는 것은 타인에 대한 공감이나 상대를 생각하는 마음을 낳는다고 한다. 이것이 '유용한 정신 습관의 창조'이다.

SIY의 개요만 봐도, 구글이 기업으로서 중시하고 있는 것, 혹은 세계관을 엿볼 수 있다. 이를테면 구글은 리더에게 '유능하면서도 사랑받는' 리더십을 원하고 있다. 마음 챙김의 사고방식에서 보면 자연스러운 발상이다.

현 CEO인 피차이가 이 같은 리더상을 실현하는 인물이라는 점은 구글이 마음 챙김을 단순히 명상으로 끝내는 게 아니라는 것을 입증한다.

— 06 —

바이두의 사업 현황

중국의 검색 시장에서 단독 승리하긴 했지만…

마지막으로 다룰 회사는 중국 검색 시장의 최대 기업인 바이두이다. 바이두는 '중국판 구글'이라고 불린다. '바이두 검색' '바이두 지도' '바이두 번역' 등의 서비스 외에도 '아이치이'라는 동영상 스트리밍 서비스로 잘 알려져 있다.

앞서 언급한 대로, 구글은 중국 정부의 검열을 피해 2010년 중국 시장에서 철수했다. 구글이 없는 중국의 검색 시장을 바이두가 독점하고 있는 것이다.

중국 시장에서 검색 서비스의 점유율을 보면, 바이두는 대략 70~80%를 차지하는 것으로 추정된다(StatCounterGlobalStats의 데이터에 의함). 세계의 검색 시장에서는 구글 다음이다.

그러나 바이두는 "구글의 검색 서비스를 따라 하고 있을 뿐"이라는 말을 듣는다. 사실상 사업 방식도 구글과 흡사하다.

바이두의 2019년 3월 8일 현재 시가 총액은 571억 달러. 텐센트, 알리바바의 시가 총액은 각각 4208억 달러, 4537억 달러에 달한다. 주식시장의 평가로 보면 바이두는 BATH 상장 기업들에 뒤처져 있다. 바이두는 모바일 결제 등 금융 서비스에 대한 대응이 늦었다. 또한 제휴했던 승차 공유 기업 우버의 중국 시장 철수, 경영 간부의 빈번한 입사와 퇴사, 부정 광고 사건 등 일련의 마이너스적인 뉴스가 이어졌는데, 이 사건들이 그대로 시가에 반영되거나 실적의 차이로 이어졌다고 볼 수 있다.

바이두의 AI 사업

이러한 상황에서 바이두가 기사회생의 기회로 삼고자 하는 것이 자율 주행을 포함한 AI 사업이다.

바이두는 2014년 4월 '바이두 대뇌百度大腦'를 발표했다. 이용자의 검색에서 편리성을 더욱 높이기 위한 방안으로, 컴퓨터로 뉴럴 네트워크(일종의 신경망—옮긴이)를 만드는 것이다. 여러 층의 학습 모델과 대량의 기계 학습을 통해 데이터 분석력이나 예측력을 높이려는 목적이다.

2016년 9월 딥러닝 플랫폼 'PaddlePaddle'을 오픈소스로 제공했고, 세계 최고 수준 AI 기술자의 영입 계획도 마련했다.

이어 2017년 1월 바이두가 지금까지 축적해 온 AI 기술을 집대성한 음성 AI 보조 기능 '듀어 OS'를 발표했다. 듀어 OS는 '사람들의 생활에 AI

를'이란 콘셉트 아래 바이두가 그간 보유해 온 AI 기술을 적용한 것이다. 듀어 OS에 말을 걸면 각종 생활에 도움을 받을 수 있는 스마트 기기들을 단기간에 개발했다. 말하자면 듀어 OS는 '바이두판 아마존 알렉사'인 셈이다.

현재 바이두가 추진하고 있는 AI 사업 체계는 그림 4-5에 나와 있다.

지금까지 배양한 '백엔드'의 AI 기술은 '바이두 대뇌'와 '클라우드' 컴퓨팅이다. 이를 기본 토대로 '프런트엔드' AI 기술로 전략적으로 내세우고 있는 것이 음성 AI 보조 기능 '듀어 OS'와 자율주행 플랫폼인 '아폴로'이다.

바이두가 주력하는 자율주행

중국은 '차세대 인공지능 개방 혁신 플랫폼國家新一代人工智能開放創新平台'이란 프로젝트 아래, "2030년 인공지능의 분야에서 중국이 세계 최첨단이 될

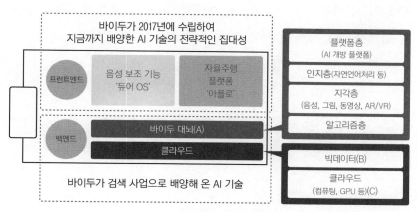

그림 4-5 바이두의 AI 사업 체계
(출처: 2017년 7월 바이두 AI 개발자 대회의 자료를 토대로 필자 작성)

것이다."라고 선언했다. 국가로부터 위임받아 AI 사업을 진행하는 BATH 4개 사업자 중에서, 바이두는 자율주행 분야를 수탁받았다.

바이두의 자율주행 플랫폼 '아폴로'는 미국이 국가적 위신을 걸고 성공시킨 유인 우주 비행 계획 '아폴로 계획'을 의식해 지어진 명칭이다. '아폴로'란 이름이 붙은 이 플랫폼 프로그램은 바이두가 보유한 자율주행 관련 기술을 오픈소스화하여, 다양한 사업 파트너가 독자적으로 자율주행 시스템을 조속히 구축하게 하는 게 중국 정부의 목적이다. 아폴로가 발표된 2017년 4월부터 불과 반년 만에 중국 국내외에서 약 1700개의 파트너가 계획에 참여했다고 한다. 파트너들 중에는 다이믈러나 포드 등의 완성차 메이커, 보쉬나 콘티넨탈 등의 거대 공급자, 자율주행 자동차의 심장격인 AI용 반도체 메이커 엔비디아, 인텔 등 모든 계열의 주요 플레이어가 포함되어 있다.

바이두의 전략을 분석하기 위해서는 음성 AI 보조 기능 '듀어 OS'의 구체적인 전개와 자율주행 플랫폼 '아폴로'의 가능성에 대해 제대로 검증할 필요가 있다. 이에 대해서는 다음 챕터에서 설명할 것이다.

— 07 —

바이두의 5요소

도·천·지·장·법에 따른 전략 분석

바이두의 주요 사업을 개략적으로 파악했으니, 바이두의 도, 천, 지, 장, 법을 분석해 보자.

바이두의 '도'

바이두는 2005년 미국 나스닥 상장 이후 장기간에 걸쳐 다음과 같은 미션을 내세워 왔다.

과학 기술을 기반으로 하는 미디어 기업인 우리는 사람들이 찾는 것을 돕기 위해, 최선을 다해 가장 공평한 방법을 제공하는 것을 목표로 한다. 우리들은 정보나 서비스에 접속하는 이용자에게 많은 채널을 제공한다. 나아가 우리들은 인터넷을 검색하는 개개인 이용자에게 서비스를 제공하고 기업에게는 잠재 고객에게 접근할 수 있도록 가장 효과적인 플랫폼을 제공한다.

여기까지 보면 바이두의 '본업'인 검색 서비스를 떠올릴 수 있다.

하지만 2017년 6월 바이두는 미션을 변경했다. 새로운 미션은 "바이두는 기술로써 복잡한 세상을 명료하게 하는 것을 목표로 한다."라는 것이다. 변경 후의 미션은 본업인 검색 서비스보다 상위 레벨을 목표로 하고 있음을 짐작하게 한다. 그러나 이 미션으로는 구체적으로 바이두가 무엇을 목표로 하고 있는지 가늠하기 어렵다.

구글의 경우 "전 세계의 정보를 정리해서 전 세계 사람들이 접속해서 사용할 수 있게 한다."라는 미션에 진지하게 임하고 있음을 알 수 있다. 구글의 미션은 그저 말뿐이 아니라, 기업의 DNA이자 살아 움직이는 것이다. 바이두의 사업 현황을 볼 때, "복잡한 세상을 명료하게 하는 것을 목표로 한다."라는 미션에 진지하게 대처하는 것으로는 보이지 않는다. 임직원들 사이에서 과연 이 미션이 중요한 것으로 인식되고 공유되고 있는지도 의문이다.

솔직히 말해 바이두의 성장 부진 이유 중 하나는 미션을 명확하게 정하지 않은 것이라고 생각한다.

결국 바이두는 '인공지능 분야에서 최고가 된다'라는 미션을 내세우고 있는 것이다. 기사회생을 위해 AI 사업에 주력한다는 바이두의 방침을 명확하게 알 수 있다.

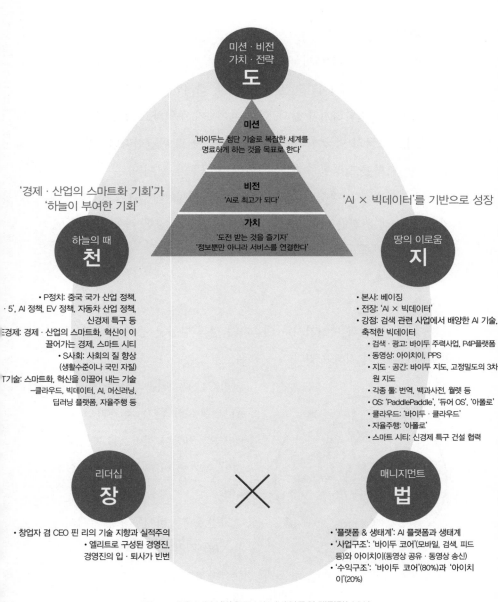

미션·비전
가치·전략
도

미션
'바이두는 첨단 기술로 복잡한 세계를
명료하게 하는 것을 목표로 한다'

비전
'AI로 최고가 되다'

가치
'도전 받는 것을 즐기자'
'정보뿐만 아니라 서비스를 연결한다'

'경제·산업의 스마트화 기회'가
'하늘이 부여한 기회'

'AI × 빅데이터'를 기반으로 성장

하늘의 때
천

• P정치: 중국 국가 산업 정책,
·5', AI 정책, EV 정책, 자동차 산업 정책,
신경제 특구 등
E경제: 경제·산업의 스마트화, 혁신이 이
끌어가는 경제, 스마트 시티
• S사회: 사회의 질 향상
(생활수준이나 국민 자질)
T기술: 스마트화, 혁신을 이끌어 내는 기술
─클라우드, 빅데이터, AI, 머신러닝,
딥러닝 플랫폼, 자율주행 등

땅의 이로움
지

• 본사: 베이징
• 전장: 'AI × 빅데이터'
• 강점: 검색 관련 사업에서 배양한 AI 기술,
축적한 빅데이터
  • 검색·광고: 바이두 주력사업, P4P플랫폼
  • 동영상: 아이치이, PPS
  • 지도·공간: 바이두 지도, 고정밀도의 3차
    원 지도
  • 각종 툴: 번역, 백과사전, 월렛 등
  • OS: 'PaddlePaddle', '듀어 OS', '아폴로'
  • 클라우드: '바이두·클라우드'
  • 자율주행: '아폴로'
  • 스마트 시티: 신경제 특구 건설 협력

리더십
장

• 창업자 겸 CEO 핀 리의 기술 지향과 실적주의
• 엘리트로 구성된 경영진,
경영진의 입·퇴사가 빈번

매니지먼트
법

• '플랫폼 & 생태계': AI 플랫폼과 생태계
• '사업구조': '바이두 코어'(모바일, 검색, 피드
등)와 아이치이(동영상 공유·동영상 송신)
• '수익구조': '바이두 코어'(80%)과 '아이치
이'(20%)

그림 4-6 5요소 분석법으로 보는 '바이두의 대전략' 분석

바이두의 '천'

바이두의 '천'은 미션에서 유추해 본다면, '기술로써 복잡한 세계를 명료하게 할 수 있는' 기회라고 말할 수 있다. 하지만, 복잡한 세상이 무엇을 가리키는지 명확하지가 않다. 현재 바이두가 주력하고 있는 AI 프로젝트, 그리고 중국의 범국가적인 정책 방향을 근거로 판단한다면, '경제·산업의 스마트화를 달성할 수 있는 기회'가 바이두의 '천'이다.

구글을 모방하는 양상의 검색 서비스로서 '빅데이터×AI', 그리고 국가의 지원 아래 완전한 자율주행을 실현하기 위한 다양한 과학 기술의 진전이 바이두에게는 큰 기회라 할 수 있다.

바이두의 '지'

바이두는 구글과 마찬가지로 이용자의 검색 활동을 통해 방대한 규모의 빅데이터를 수집하고 있다.

그림 4-7 바이두가 추구하는 성장 사이클
(출처: 2018년 5월 'ABC 서밋 2018 인스파이어 스마트 IoT 대회' 자료를 근거로 작성)

축적한 데이터를 클라우드에 올려 AI로 분석한 다음, 이용자의 니즈에 가장 적합한 서비스를 제공하는 것이 바이두 비즈니스 전략의 요점이다.

그림 4-7은 바이두의 성장 사이클을 나타낸 것인데, 바이두가 'AI×빅데이터'를 축으로 대도약을 꾀하는 전략을 내세우고 있음을 알 수 있다.

바이두의 '장'

바이두의 창업자이며 CEO인 리옌훙李彦宏은 베이징 대학에서 정보과학 학사를, 뉴욕 주립대학 버팔로 캠퍼스에서 컴퓨터과학 석사를 각각 취득했다. 다우존스의 자회사와 검색 엔진 회사 인포시크 등을 거쳐 바이두를 창업하기에 이르렀다. 바이두를 창업한 것은 아내의 권유 때문이라고 한다. 실리콘밸리에서 안정된 생활을 보내고 있던 리옌훙에게 아내는 "당신은 IT 분야에서 최고 수준의 전문가이다. 이대로 끝내지 말고 독립해서 창업하라."라고 독려했다고 한다(『중국 신흥 기업의 정체』).

리옌훙의 경력 등을 보면, 그는 전문 경영인이라기보다는 우수한 엔지니어라는 것을 짐작할 수 있다. 바이두는 알리바바나 텐센트보다 먼저 실

사진 4-3 바이두의 창업자이자 회장, CEO인 리옌훙
(출처: 바이두 백과)

리콘밸리에 AI 연구소를 설립했고, 3년 만에 10만 명의 AI 엔지니어를 육성할 것이라고 장담하기도 했다.

엔지니어 출신 리옌훙은 역시 연구 개발에 주력해서인지 몰라도, 기술력을 경영의 근간으로 삼는 기술 경영의 성격이 강하다. 그는 과거 인터뷰에서 다음과 같이 말했다.

바이두의 문화는 'Enjoy being challenged(도전받는 것을 즐기자)'이다. 때로는 'Enjoy challenging others(다른 사람들에게 도전하자)'라고도 해석된다. 하지만 당신이 다른 사람에게 도전하는 것을 장려하는 것은 아니다. 다른 사람이 당신에게 도전하는 것을 장려하는 것이다. 또는 다른 사람이 나의 의견에 동의하지 않는 상태를 소중하게 여기자는 것이다. 다른 사람으로부터 도전을 받으면 받을수록 당신의 생각은 완전해지며 틀릴 확률은 줄어들 것이다. 전략팀과 나는 바로 이런 관계이다. 그들이 내게 프레젠테이션하면 나도 그들에게 도전한다. 내가 그들에게 프레젠테이션하면 그들은 나에게 도전한다. 이런 공방을 거쳐 최종적으로 하나의 공통적인 결론에 도달하게 된다.
(groo, 「리옌훙이 완커 멤버 80명을 상대로 열정적으로 설명하는 바이두와 구글의 차이」 2015년 2월 27일)

바이두가 실적주의 엘리트 위주로 운영하는 기업이라는 지적도 있지만, 그에 상응하는 실력을 겸비하지 않으면 버텨 낼 수 없는 기업임을 짐작하게 하는 발언이라고 생각한다.

필자는 여타 미·중 메가테크 기업 경영자들과 비교해 볼 때, 리옌훙이 엔지니어 출신으로 기술 지향적이지만 한편으로는 비즈니스, 상품, 고객 경험 등에 대한 지식이 부족한 게 아닌가 분석하고 있다. 이러한 리옌훙의 특징으로 인해 바이두가 본질적인 미션을 제시하지 못하는 것이라고 생각한다.

바이두의 '법'

바이두의 비즈니스나 사업구조는 주로 검색 서비스인 '바이두 코어'와 동영상 스트리밍 서비스 '아이치이'로 정리할 수 있다. 그 외 사업으로 클라우드나 자율주행 프로젝트가 있다. '바이두 코어'에는 검색 서비스인 바이두 서치와 모바일 바이두, 온라인 백과사전인 바이두 백과, Q&A 서비스인 바이두 노우즈, 결제 앱인 바이두 월렛, 바이두 지도, 음성 AI 보조 기능 듀어 OS 등이 포함된다.

2017년 연례 보고서에 따르면, 바이두의 2017년 매출액은 130억 달러, 영업이익은 24억 달러에 달했다. 매출액 내역을 보면 약 80%가 '바이두 코어'에서 나오고, 약 20%가 동영상 스트리밍 서비스 '아이치이'에서 발생한다. 최근 '아이치이'의 성장이 괄목할 만하지만, 바이두는 역시 검색 서비스 회사라고 할 수 있다.

08

듀어 OS를 이용한
생태계 형성

'사람들의 생활에 AI를'이 콘셉트

음성 AI 보조 기능이 내장된 스피커는 '단지 말을 걸기만 하는' 것으로, 인간의 목소리를 인식해서 다양한 일을 도와준다. 뉴스를 읽거나, 갖고 싶은 것을 주문하거나, 음악을 들려 주거나, 날씨를 알아봐 주거나, 방의 에어컨을 틀어 주는 등 '단지 말을 걸기만' 하면 가능한 일이다. 편리함이나 고객 경험이라는 관점에서, 음성 AI 보조 기능이라는 장치는 매우 우수하다고 할 수 있다.

음성 AI 보조 기능으로는 앞서 설명한 '아마존 알렉사'가 먼저 시장에 출시되었는데, 바이두의 '듀어 OS'도 같은 개념이다.

듀어 OS는 '사람들의 생활에 AI를'이란 콘셉트를 표방하고 있다. 듀어

OS 프로그램이 설치된 스마트 기기에다 대고 자연어로 '단지 말을 걸기만' 하면 다양한 기능을 제공해 준다. 또한 바이두 역시 아마존과 마찬가지로 듀어 OS를 서드파티에 공개하여 파트너사의 기기와 콘텐츠, 서비스 등을 가져옴으로써 거대한 생태계를 형성하려고 하고 있다.

바이두는 CES2018에서 음성 AI 보조 기능 듀어 OS의 부스를 열었다. 중국의 샤오두 자이지아小度在家의 스마트 로봇 '리틀피쉬小魚在家', 미국 센글레드 Sengled의 스마트 램프 스피커, 일본의 '팝핀 알라딘 PopIn Aladdin' 프로젝터를 내장한 '스마트라이트' 등 듀어 OS 프로그램이 내장된 갖가지 IoT 가전이 부스에 전시되었던 광경이 기억에 생생하게 남아 있다.

바이두가 자체 개발한 스마트 스피커 'Raven H', 스마트 로봇 'Raven R'의 세련된 디자인도 인상적이었다. 현재 개발 중인 AI 홈 로봇 'Raven Q'에는 얼굴 인식 기능과 함께, 자율주행 플랫폼인 '아폴로'와의 연동 기능이 설치되고 있다고 한다. 물론 모두 '말을 걸기만 하면 되는' 음성 AI 보조 기능 개념이다.

이어 1년 뒤에 열린 CES2019에서 바이두는 소비자를 대상으로 제품들을 선보이는 것보다는, 듀어 OS가 개발자를 위한 오픈 플랫폼으로 확산되고 있는 점을 강조했다.

엄청난 규모의 생태계를 형성하다

이들 듀어 OS가 설치된 스마트 기기(도구)들은 아마존 알렉사가 내장된 '아마존 에코'에 상응하는 개념이다. 아마존 에코가 '스마트 홈'의 플랫폼인 것처럼, 듀어 OS가 내장된 스마트 기기도 생활 속의 다양한 니즈에 응할 것이다.

좁은 의미의 듀어 OS는 '단지 말을 걸기만 하면 되는' AI 보조 기능을 탑재한 스마트 기기나 솔루션을 개발하기 위한 기본 소프트웨어이다. 전자기기에 마이크와 스피커가 있으면 듀어 OS를 탑재하여 스마트 디바이스화할 수 있다.

조금 더 구체적으로 설명하겠다. 먼저 음성 AI 보조 기능의 디바이스를 개발하려고 하는 파트너라면, 바이두가 제공하는 듀어 OS의 '레퍼런스 디자인'(AI 제품을 개발하려고 하는 파트너에게 바이두가 제공하는 설계도)과 '개발 키트'(소프트웨어 꾸러미—옮긴이)에 따라야 한다. 이렇게 바이두의 AI를 활용해 스마트 디바이스를 개발할 수 있는 것이다.

바이두는 지금까지 검색 서비스 사업을 통해 알고리즘이나 표현학습, 웹 데이터·검색 데이터·사진·동영상·위치정보 등의 빅데이터, 화상 처리 등의 컴퓨팅 능력 같은 AI 관련 기술력을 축적해 왔다. 이로 인해 바이두의 AI 기술력은 음성인식, 화상인식, 자연어 처리, 이용자 프로필 데이터 접속이라는 4가지 기본 기능을 갖추게 되었다. 이 같은 AI 기술이야말로 듀어 OS의 핵심이다.

파트너, 즉 협력사가 개발하는 스마트 기기에 콘텐츠나 서비스를 공급하는 것을 '스킬'이라고 한다. '스킬'이란 스마트 기기에 대한 명령이나 이용자에게 제공되는 기능을 의미한다. '스킬'을 통해 영화를 보거나 음악을 듣거나 검색을 하거나 점심을 주문하는 음성 AI 보조 기능의 서비스가 실현된다.

파트너의 수가 늘어나면 그만큼 '스킬'도 늘어나고, 따라서 듀어 OS 기능도 확장할 수 있다. 2019년 2월 현재 듀어 OS의 생태계가 보유한 '스킬' 세트는 10분야에 걸쳐 있으며 200개 이상이다.

'듀어 OS'가 설치된 스마트 기기는 정말 다양하다. 스피커, TV, 냉장고, 온수기, 공기 청정기, 조명, 장난감, 선풍기, 전기밥솥, 에어컨, 로봇, 스테레오 스피커, 리모컨, 도어락, 커튼, 시계, 자동차, 모바일 등 끝이 없을 정도이다.

이러한 스마트 기기는 사람들의 생활 속 다양한 상황과 깊은 연관이 있다. '스마트 홈'이나 '스마트 카'도 곧 현실로 다가올 것이다. 앞으로 외부 파트너로부터 다양한 콘텐츠나 서비스를 받아들여 엄청난 규모의 생태계를 형성할 것이다.

스마트 시티 건설과 각 지방 정부와의 협력

나아가 듀어 OS가 설치된 가전이나 자동차, IoT제품 등의 스마트 기기는 '스마트 시티' 실현과 연동될 것이다.

2017년 12월 바이두는 허베이성 슝안신구雄安新區 정부와 일련의 전략적 협약에 합의했는데, 도시계획 건설에 AI 기술을 활용하는 'AI 도시계획'에 관한 것이다.

슝안신구는 중국 정부가 성장 엔진으로 삼아 건설하는 새로운 경제특

별구이다.

바이두와 슝안신구 정부의 합의안을 보면, 슝안신구를 스마트 시티로 건설하며 이를 위해 자율주행이나 공공 교통, 교육, 보안, 헬스 케어, 환경 보호, 결제 등 다양한 분야에 AI 기술을 적용해야 하는 것으로 되어 있다.

그 외에도 바이두는 허베이 성 바오딩, 안후이 성 우후, 충칭, 상하이 등 각 지방 정부와 AI 기술을 적용한 스마트 시티 건설 관련 협약을 맺을 예정이다.

이들 스마트 시티에는 당연히 바이두의 AI 기술이 총체적으로 적용될 것이다. 일반 사람들의 생활 곳곳까지 AI 기술이 파고들어 일상생활의 다양한 니즈를 충족시켜 줄 것이다.

중국은 국책 사업으로 AI를 전면 지원하고 있다.

중국은 2020년까지 160조 원 규모의 AI 시장을 형성하고, 그 10년 후에는 10배인 약 1600조 원 규모로 키우겠다고 선언했다. AI 기술을 적용한다면 저탄소 사회의 실현이나 살기 좋은 도시 만들기, 사람과 자연의 공생 등이 실현될 수 있다. 중국이 안고 있는 엄청난 사회문제의 해결도 가능하다는 얘기이다. 그런 의미에서 스마트 시티는 중국의 경제·사회 정책의 일환으로서, 중요한 역할을 맡고 있다.

바이두는 듀어 OS를 스마트 카나 스마트 홈, 스마트 시티의 기본 소프트웨어로 채택해서, 생활 서비스 전반에 거대한 생태계를 형성하겠다는 목표를 갖고 있다.

한편, 음성 AI 보조 기능 시장에서 수위를 달리고 있는 아마존 알렉사는 '아마존 에코'라는 절대적인 스마트 홈 플랫폼을 가지고 있다. 아마존 알렉사는 2만 종 이상의 스마트 기기에 탑재되어 있고, 스킬 세트만 무려 6만 개 이상이다.

압도적인 '아마존 알렉사 경제권'에 바이두의 '듀어 OS'가 대항하는 게 과연 가능할까. 미·중 신냉전이라는 대결 구도와 더불어 세계가 분단되고 있는 상황에서, 미·중 기업 중 어느 곳도 상대 진영을 확실하게 압도할 만한 수단을 갖지는 못한 것 같다.

— 09 —

자율주행을 가장 많이
현실화한 기업

중국 정부로부터 'AI×자율주행' 프로젝트를
국책으로 수탁받아

바이두는 2017년 중국 정부가 추진하는 'AI×자율주행' 프로젝트를 국
책으로 수탁받았다. 바이두가 주력하는 AI 사업 중에서도 자율주행은
가장 중요한 위치에 있다.

바이두가 지금까지 어떤 경위로 자율주행 프로젝트를 거머쥐게 되었는
지, 지금 어느 단계에 도달해 있는지를 정리해 보자.

사실 바이두는 2013년 무렵 이미 자동차 메이커와 협력해 자율주행 사
업에 발을 들여놓고 있었다. 완전 자율주행에 필수적인 고정밀도의 3차원
지도는 물론, 로컬리제이션^{localization}(자동 위치 특정)·감지 기능·주행 예

측·주행 계획·주행 제어 기술 등 자율주행과 관련한 기술 개발을 진행하고 있었다.

2015년 말엽 '무인 운전 사업부'를 신설하여, 베이징 주변에서 자율주행 기능을 탑재한 자동차의 시험 주행을 실시했다. 2016년 4월에는 자율주행 프로젝트의 연구 개발과 시험에 주력하기 위해 미국 실리콘밸리에 거점을 설립했다. 이어 8월에는 자율주행 시험용 차량으로, 중국 자동차 메이커 '빅5' 중 하나인 체리자동차奇瑞汽车가 만든 전기자동차를 선발했다. 9월에는 미국 캘리포니아 주에서 자율주행차의 시험 주행 허가를 취득했고, 11월에는 중국에서 자율주행차 18대로 시험 주행을 진행해 왔다. 2017년 3월 베이징 시내 하이뎬 구 일반도로 가운데 3곳을 골라 자율주행 자동차 8대의 시험 주행 허가를 신청했다. 이어 4월에는 '중국 AI 최강자'로 키워 놓은 AI 기술, 검색 서비스로 축적한 빅데이터, 고정밀 3차원 지도의 노하우, 감지 기능 등을 포함한 자율주행 관련 기술력을 결집하고, 만반의 준비를 갖춘 자율주행 플랫폼 '아폴로 계획'을 내놓았다.

아폴로 계획에 따르면 바이두가 보유한 AI 기술은 물론이고, 빅데이터, 자율주행 관련 기술을 파트너 협력사들에 공개해 상호 공유한다. 그럼으로써 파트너가 단기간에 독자적인 자율주행 시스템을 구축할 수 있도록 'AI×자율주행' 플랫폼을 제공한다.

보다 많은 파트너를 끌어들여 바이두의 '아폴로'를 매개로 자율주행 자동차의 세계적인 플랫폼과 생태계를 구축하려고 하고 있다.

바이두는 2017년 4월 '아폴로 계획' 발표에 이어, 7월 '아폴로 1.0', 9월 '아폴로 1.5' 등의 자율주행 플랫폼 기술을 단계적으로 오픈소스로 제공

했다. 2018년에는 '아폴로 2.0'으로 자율주행 관련 기술을 거의 모두 오픈
소스로 제공하기에 이르렀다. 2018년 7월 발표한 '아폴로 3.0'을 통해 저
비용의 솔루션 대량생산과 한정된 구획에서의 주행 시나리오가 완성되
었다. 이 단계에 이르러 '아폴로'를 내장하면 비교적 단순한 시내 도로에
서는 밤낮을 가리지 않은 자율주행이 가능한 수준에 도달한 것으로 알
려져 있다.

자율주행 버스를 2018년부터 사회적으로 구현

CES2019에서 바이두는 "세계에서 가장 빠르게 자율주행 자동차의 상
용화로 나아가고 있는 기업"으로 주목받았다. 앞서 바이두는 2018년 초
'연내 자율주행 버스의 실용화 계획'을 발표했다. 이 계획과 관련하여 바
이두는 CES2019 현장에서 "사실상 2018년에 자율주행 버스의 상업화를
시작한 셈"이라면서, "이미 중국 내 전국 21개 장소에서 운영하고 있다."
라고 밝혔다. 나아가 바이두는 2018년 7월부터 세계 처음으로 레벨4 수
준의 자율주행 버스의 대량생산 체제에 돌입했다는 내용의 영상물을 자
랑스럽게 발표했다.

일본의 자동차 메이커와 대규모 부품 공급자는 아직 시험 자율주행 자
동차의 전시 수준에 머물러 있으며, 실용화까지 수년을 기다려야 하는 상
황이다. 구글의 웨이모도 2018년 12월에야 겨우 한정적인 조건 속에서 자
율주행 택시의 상업화에 막 착수한 단계이다. 어찌 됐든 중국 내 21개 장

소에서 자율주행 버스를 주행하고 있으며, 이미 대량생산 단계에 돌입했다고 발표한 바이두는 '2018년부터 자율주행 버스를 사회적으로 구현한 기업'이라고 할 수 있다.

애초부터 자율주행 노선버스는 코스가 정해져 있다는 것 등의 이유로 비교적 실용화하기 쉬운 것으로 간주되었다. CES2019에서 바이두의 발표 내용을 분석해 보면, 상당히 전략적으로 자율주행 버스의 사회적 구현에 착수했음을 짐작할 수 있다. 자율주행 자동차의 대량생산·실용화에 가장 근접해 있는 기업이 자동차 메이커가 아니라, 중국의 기술 기업이라는 사실은 각종 업계에 큰 충격을 주었다.

'아폴로'는 수많은 협력사

사진 4-4 바이두는 2018년부터 중국 21곳에서 자율주행 버스의 운영을 시작하였다. 자율주행 자동차의 개발 현황과 관련, 일본은 아직 시험 단계에 있고, 미국은 2018년 말부터 막 택시 상업화에 들어간 반면, 중국은 2018년부터 이미 실제 운영에 착수했다. 위의 사진 3개는 CES2019에서 바이두가 공개한 자율주행 버스의 사진, 네 번째는 필자가 베이징에서 자율주행 버스에 탑승할 당시 장면이다. (출처: 필자 촬영)

를 파트너로 끌어들이면서 발 빠르게 세력을 확대하고 있다. 바이두의 자율주행 버스 프로젝트는 제1탄에 지나지 않는다. 최종 목표는 승용차의 실용화 단계에서 선도자로 등극하는 것이다. 아폴로의 강점은 역시 국책 플랫폼에 있다 할 것이다. 중국 정부는 자동차 산업 정책이나 AI 산업 정책에서 표면적으로는 국제 협력이나 개방을 강조하고 있다.

그러나 중국 내의 독점 플랫폼이 되는 데는 도움이 되었더라도, 앞으로 진정으로 세계로 나아가는 데에는 난관이 될 수도 있다. 또한 바이두에게는 기술 위주에서 고객 중시로의 진화가 요구되고 있다.

제5장

GAFA vs BATH의
종합 분석과 미 · 중 신냉전

─ 01 ─

'5요소 분석법' 총정리

'미션이 사업을 정의하고 혁신을 창출한다'

지금까지 8개 메가테크 기업을 동시에 분석하면서 여러 가지 사실들을 확인할 수 있었다.

다시금 '5요소 분석법'에 의한 설명을 되새겨 본다. 먼저 미션을 의미하는 '도'와 경영자의 리더십을 의미하는 '장'의 중요성이다. 8개 메가테크 기업은 모두 경영자(장)의 사명감이나 가치관이 기업 전체에 큰 영향을 미치고 있다. 8개사 가운데 6곳은 창업자가 현 CEO이기에 특히 그렇다. 그렇지 않은 2개 회사(애플, 구글)도 기업이 어떤 존재가 되어야 하고, 무엇을 이뤄야 하는가에 대해 '도'가 큰 영향을 미치고 있다.

도는 어떠한 기술을 사업 기회로 포착해야 하는가를 결정하는 '천'에 영향을 준다.

도는 어떤 사업영역에서 사업을 펼칠 것인가 결정하는 '지'에 영향을 준다.

도는 어떤 리더십을 발휘해야 하는가를 결정하는 '장'에 영향을 준다.

도는 어떻게 사업 모델이나 플랫폼 전략을 구축해야 하는가를 결정하는 '법'에 영향을 준다.

여기서 '도'란, 각 기업에서 문서로 명기된, 명문화된 것만을 가리키는 것은 아니다. 오히려 각 기업들이 실제 비즈니스 현장에서 소중하게 여기는 사명감이나 가치관에 가깝다.

8개 기업의 공통점

8개사 분석에서 드러난 공통점은 대부분 플랫폼을 지향하고 있으며, '빅데이터×AI'를 추구하고, 각 분야에서 디지털 트랜스포메이션DX을 선도하며, 고객 경험 관리를 최우선으로 여기는 것 등으로 정리할 수 있다.

각 기업의 차이점이나 특징을 파악하는 데는 먼저 '도'를 이해하는 것이 우선이다. 특히 지금 어떤 사업을 전개하고 있으며, 앞으로 어떤 방향으로 비즈니스를 전개할 것인지를 예측하기 위해서는 '도'에 대한 분석이 유효하다.

예컨대, GAFA의 미션을 디지털 트랜스포메이션DX이라는 개념으로 설명하면 이렇다. '고객의 경험 가치를 DX하는' 아마존, '스마트폰에 의한 생활을 DX하는' 애플, '정보의 정리를 DX하는' 구글, '연결을 DX하는'

페이스북이라고 표현할 수 있다.

뛰어난 미션이 혁신을 창출한다

미·중 메가테크 기업 8사를 분석해 보면, 미션이 기업들의 다양한 부분에서 크게 영향을 미치고 있다고 앞에서 설명했다. 즉 미션이 경쟁력을 높여 왔다는 것이다. 이런 유형은 그리 많지 않다. 필자의 생각으로는 미션을 경쟁력 우위로 연결하는 기업은 단순히 물리적인 '상품'뿐만 아니라 사원 한 명 한 명의 철학이나 정교한 미션이 섞인 'USP Unique Selling Proposition(독자적인 가치) 상품', 즉 '고객 가치'를 제공하고 있다. 그리고 고객 입장에서 바라보고 '상품과 서비스'를 보다 우수한 사회 환경 속에서 최대한 활용하기 위해 어떻게 하면 좋은지 고민하는 일종의 사명감이나 문제의식이 혁신을 창출하고 있다.

앞서 본문에서도 다뤘듯이 특히, 실물 상품을 생산, 제공하는 애플을 보면 이해하기 쉬울 것이다.

아울러 우수한 미션이 조직과 사원의 DNA가 됨으로써, 조직과 사원들에게 자율적인 리더십이 생성된다. 사원 한 명 한 명이 자율적으로 주변인에 대해 리더십을 발휘하고, 상호 협력하면서 혁신을 창출한다. 이는 앞선 아마존 '5요소 분석법'에서 소개한 저서 『아마존 미래전략 2022』에서도 언급한 바 있다. 이는 8개사 모두에 적용할 수 있을 것이다.

'미션이 사업을 정의하고 혁신을 창출한다.'

이 책에서 가장 강조하고 싶은 분석 포인트 중 한 가지이다.

— 02 —

'ROA 맵'에 따른 분석

업종이나 특징을 단적으로 나타내는 기법

다음으로는 8개사의 업종과 특징을 분석해 보자. 여기서는 분석 기준으로 'ROA 맵'을 적용한다. 세로축의 영업이익률과 가로축의 자산회전율로 분석하는 기법을 필자는 'ROA 맵'이라고 칭한다. 기업 컨설팅에서 기업을 처음 분석할 때 사용하는 기법이다.

이 기법을 중시하는 이유는 '정량×정성' 분석, 그리고 '수익구조×사업구조' 분석의 접점으로 유효하기 때문이다. ROA 맵 자체는 재무분석이라는 정량 분석이다. 수익구조나 사업구조 등 기업의 경영 전략 결과물이한데 섞여 있기 때문에, 정성 분석을 위한 수단이라고도 할 수 있다. 아울러 ROA는 '총자산이익률'을 의미한다. 투자에 대해 이익을 얼마나 창출했는지를 나타내며, 효율성과 수익성이 모두 반영되어 있다. ROA는 일 반적으로 '당기 순이익÷총자산'으로 도출할 수 있다.

ROA의 가로축은 총자산회전율='1년간 자산으로 매출이 몇 번 회전했 는가'이다. 이 수치는 '매출액÷총자산'으로 구할 수 있으며, 자산이 얼마 나 유효하게 활용됐는지를 표시한다. 일반적으로 종합상사, 소매업 같은 판매나 판매 중개업에서는 총자산회전율이 높아지며, 철강·금속·화학 같은 중공업에서는 낮아지는 경향이 있다.

이는 여타 업계에서도 마찬가지이다.

예를 들어 일본의 간호업계 총자산회전율의 경우, 설비 투자(토지나 건물, 더 나아가 유형 고정자산)가 필요한 유료 양로원 기업이 가장 낮고, 재택 방문 노인 간호 기업, 그리고 재택 서비스 기업의 순으로 높아진다. 즉, 설비가 경

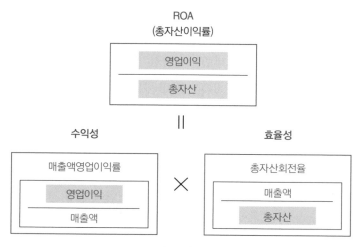

그림 5-1 ROA의 분석 방식

ROA 맵

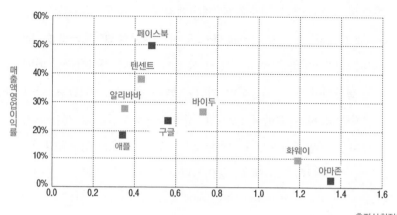

	총자산회전률	매출액영업이익률	ROA(총자산이익률)
아마존	1.36	2.31%	3.13%
구글	0.56	23.59%	13.25%
페이스북	0.48	49.70%	23.90%
애플	0.73	26.69%	16.34%
알리바바	0.36	27.70%	9.67%
바이두	0.34	18.49%	6.23%
텐센트	0.43	37.98%	16.28%
화웨이	1.19	9.34%	11.16%

그림 5-2 'ROA 맵'으로 분석한 GAFA와 BATH

(출처: 각 사의 아래 자료를 근거로 필자가 작성, 아마존: 2017년 12월 결산재무자료 / 구글: 2017년 12월 결산
재무자료 / 페이스북: 2017년 12월 결산재무자료 / 애플: 2018년 9월 결산재무자료 / 알리바바: 2018년 3월
결산재무자료 / 바이두: 2017년 12월 결산재무자료 / 텐센트: 2017년 12월 결산재무자료 / 화웨이: 2017년
12월 결산재무자료)

미한 쪽의 총자산회전율이 높은 편이며 이익은 그만큼 낮아지는 것이다.

앞서 본 ROA 맵의 세로축은 매출액영업이익률('영업이익'은 8개사의 'Operating Income' 혹은 'Operating Profit'을 사용)로, '영업이익÷매출액'으로 산출한다. 영업이익률은 해당 기업의 시장 내 입지나 의사가 반영되어 나타난다. 생산성이 높은 업종이나 기업이 높아지는 경향이 있다. 앞서 설명한 것처럼 ROA는 일반적으로 '당기순이익÷총자산'으로 계산한다. 하지만 필자는 본업에서 나오는 영업이익을 통해, '영업이익÷총자산'으로 계산하는 것이 실태 파악에 더 용이하다고 판단한다. 이에 따라 ROA를 '영업이익÷매출액'으로 하면 그림 5-1과 같이 나타난다. 이는 '총자산회전율(매출액÷총자산)'×'매출액영업이익률(영업이익÷매출액)'로 분해할 수 있다. ROA 맵은 이것을 시각적으로 나타낸 것이다.

총자산회전율에 주목

그러면 실제로 'ROA 맵'을 사용해 8개 기업에 대한 분석에 들어가보자. 그림 5-2를 보면 쉽게 이해할 수 있다.

먼저 가로축의 총자산회전율에 주목해서 8개사를 분석해 보자. 중국 BAT 3사의 총자산회전율이 상대적으로 낮다는 것을 알 수 있다. 이는 비즈니스의 실적으로 축적한 자본을 새로운 투자처에 보다 적극적으로 투입하고 있기 때문인데, 대차대조표 분석에서도 파악할 수 있다. 아마존을 제외한 미국 3사(페이스북, 구글, 애플)도 모두 총자산회전율이 낮은데, 이것도 중국 3사와 비슷한 요인에 의한 것이다.

ROA 맵을 통해 알 수 있듯이, 중국 BAT 3사(바이두, 알리바바, 텐센트)가

보다 적극적으로 신규 투자에 자본을 투입하고 있음을 파악할 수 있다.

8개 기업 중에서 아마존이 가장 높은 총자산회전율을 보였는데, 아마존이 소매 기업이라는 점을 감안하면 납득할 수 있는 결과이다. 아마존은 유사한 비즈니스를 전개하고 있는 알리바바와 상대적인 입장에 있다. 하지만 알리바바는 중국의 사회적 인프라 구축을 궁극적 목표로 하는 기업으로, 보다 광범위한 프로젝트에 투자하고 있다. 즉, 알리바바는 이미 소매 기업이 아니라는 것을 수치로도 알 수 있다. 대부분의 수익을 전자상거래와 소매업 분야에서 거두고 있는 알리바바이지만, 중국의 미래를 위해 선제적인 투자를 하고 있는 것이다.

8개 기업 중에서 가장 제조업의 이미지가 짙은 화웨이를 보자. 그 이미지대로라면 그래프상에서 가장 좌측에 위치해야 할 것이다. 대규모 인프라 투자로 인해서 총자산회전율이 낮을 거라고 추정할 수 있다. 하지만 소매업 위주인 아마존과 비슷한 위치에 있는 것은 의외의 결과였다. 이는 제조업 회사로서 생산성이나 효율성이 높은 경영 능력을 갖추었음을 의미하기도 한다. 아울러 회사 이외의 요인 때문에 사업 운영 측면에서 무리한 투자를 하지 않고 있음을 시사한 것일 수 있다. 화웨이가 미·중 경쟁에서 민감한 입장에 처해 있다는 걸 생각하면 더없이 흥미로운 분석 결과가 아닌가 생각된다.

영업이익률에 주목

영업이익률을 보자. 총자산회전율에서 8개사 가운데, 각각 위치가 다른 아마존이나, 페이스북을 제외하고 나머지 6개사는 놀랍게도 높은 영업이익률을 보였다.

그중에서도 페이스북의 49.7%라는 높은 영업이익률은 주목할 만하다. 이 수치는 페이스북이 디지털 세계에 중점을 두고 사업을 운영하여 높은 수익 기반을 구축한 것에서 기인한다. 특히 '연결된다'는 미션을 중심으로 이에 벗어나는 사업에는 투자하지 않으며, 본업에서 높은 수익률을 유지하는 것이 큰 요인으로 보인다.

또한 일반적으로 높은 수익률을 낸다고 알려진 애플 이상으로, 텐센트나 알리바바가 고수익을 유지하는 것도 놀라운 사실이다. 후자 두 회사는 광범위한 사업을 운영하고 있으며, 가장 수익성이 높은 본업에서는 이익률이 줄고 있음에도 불구, 고수익을 유지하고 있다. 이는 텐센트와 알리바바 두 회사 모두 본업 이익이 그만큼 탄탄하다는 것을 의미하며, 이를 기반으로 기업 혁신에 보다 적극적인 투자를 하고 있다고 추정할 수 있다. 놓칠 수 없는 요인이다.

아마존의 영업이익률이 낮은 것은 경영자의 의사에 따른 것이다. 널리 알려진 대로, CEO 제프 베조스는 단기적 이익보다는 장기적 성장이나 현금 흐름을 중시한다고 말해 왔다.

화웨이의 영업이익률이 낮은 것은, 재무제표에 따르면 R&D(연구개발) 비용이 매출의 약 15%, 영업비용의 약 49%를 차지하고 있기 때문이다. R&D 중시의 경영 전략이 영업비용을 높이고 그 결과 영업이익을 압박하고 있는 것을 알 수 있다.

ROA 맵을 통해 8사를 종합 분석하다

기업 분석에 있어서 중요한 정성 분석으로는, 사업영역이 '제조형인지 플랫폼형인지', '제조형인지 인프라형인지', '실물 중심인지 디지털 중심인지' 등으로 분류할 수 있다. 특히 처음 두 가지는 기업 입장에서 매우 중요하다. 플랫폼이나 인프라를 구축하기 위해서는 엄청난 비용과 시간이 필요하지만 한편으로 성공하면 이익이 크기 때문이다. 이런 사업에 대한 도전은 단기적으로 기업 전체의 수익성을 희생할 각오가 되어 있어야 가능하다. 중장기적인 성장 가능성을 감안한다면 이러한 도전은 불가피하다. 일단 플랫폼이나 인프라의 경우 비즈니스 구조가 구축되면 안정성과 수익성 모두를 기대할 수 있기 때문이다.

고수익이 기대되는 제품을 포착했다면 그 제품에 주력할 경우 단기적으로 높은 수익을 유지할 수 있다. 하지만 한 가지 제품에만 매달릴 경우 중장기적인 성장 가능성이나 안정성을 잃을 가능성이 높다. 미·중 메가테크 기업 8개사의 사례만 봐도 이러한 관점은 중요하다.

지금까지 5요소 분석법으로 풀이한 것을 근거로, ROA 맵을 활용해 한 단계 더 분석해 보자. 기업의 실질적 모습이 보다 명확하게 보일 것이다.

아마존

아마존은 CEO 제프 베조스가 공언해 온 재무 전략이 ROA 맵에 그대로 반영되고 있다. 사업상 이익을 배당하지 않고 현금을 미래 전략에 투자하는 경영 전략이 그것이다. 아마존의 경우 회계 이익을 주주들에게 배당하게 되면 성장에 그림자가 드리워질 수 있다. 이럴 경우 시세 하락을 예상하고 주식을 매각해야 한다.

페이스북

미국 기술 기업 중에서 페이스북은 '연결'이라는 사업영역을 나름 특화해서 가장 많은 영업이익을 내고 있지만, 한편으로는 적극적으로 신사업에 투자하고 있다는 사실을 엿볼 수 있다. AI에 더하여 VR/AR에 전략적 투자를 하고 있는 것이 페이스북의 특화 전략이다. 이런 투자가 결실을 맺게 되면 향후 VR/AR의 플랫폼은 페이스북이 될 것이다.

애플

애플은 ROA 맵의 중앙에 위치해 있다. 다양한 선택지를 갖고 있음을 시사한다.

한편으로, 신규 투자보다는 당해년도의 업적이나 주가를 의식한 경영을 하고 있다는 것을 의미한다. 상대적으로 한정된 제품에 중점을 두어 높은 수익을 창출하고 있다. 하지만 그만큼 '애플 쇼크'의 임팩트도 클 것이다. 앞서 언급한 헬스 케어의 파괴적 혁신이 기대되는 부분이다.

구글

구글은 높은 수익을 내는 광고 비즈니스라는 본업을 기반으로 해서, 다양한 사업에 투자하고 있다는 사실이 ROA 맵에서도 확인되고 있다. '정보를 정리한다'는 구글의 미션에서 확실한 현금 수익이 창출되고 있다. 앞으로 '당신의 주변 세계를 이용하기 쉽고 편리하게 한다'는 지주회사 알파벳의 미션을 통해서도 현금 수익의 창출이 기대되고 있다.

바이두

바이두는 BAT 중에서 수익성이나 시가 총액이 가장 낮다. 한편으로, 음성 AI 보조 기능 프로젝트와 자율주행이라는 두 분야를 비롯한 AI 투자를 극적인 성장의 열쇠로 붙들고 있다는 사실이 ROA 맵에서 드러나고 있다. 기술 중심의 경영에서 기술을 활용해 고객 가치를 창조하는 경영으로 변환할 수 있을지 의문이다. 디지털화를 촉진하는 것보다는 기업 전체의 변화가 우선적으로 필요하다고 필자는 생각한다.

알리바바

알리바바는 중국 정부의 전폭적인 지원 아래, 중국의 사회적 인프라를 구축해 왔다는 사실이 ROA 맵에서도 보인다. 한편으로 창업자인 마윈이 2선 후퇴를 발표하면서 공산당원이라는 사실이 밝혀져, 앞으로 중국 리스크가 한층 더 표면화할 것에 대비해야 할 필요가 있다. 세계가 분열되고 있는 가운데, 한층 확산하는 중국 리스크에 대해 어떻게 대응할 것인지, 알리바바 경제권을 얼마나 확대할 수 있을지에 대한 관심이 집중되고 있다.

텐센트

텐센트는 커뮤니케이션 앱을 통한 고객과의 접점을 기반으로, 생활 서비스 전반으로 비즈니스 영역을 확대했다. 고객과의 밀접한 접점을 토대로 강력한 후발 주자로서의 입지를 구축한 양태가 ROA 맵에 투영되고 있다. 그렇지만 5G 시대가 열리고, 동영상이나 VR/AR에 의한 새로운 커뮤니케이션 플랫폼이 탄생할 가능성이 높은 와중에, 계속 현재의 사업 모델에만 의존하고 있으면 사업의 근저부터 뒤집힐 가능성도 부정할 수 없다. "뒤늦게 참여했어도 고객과의 밀접한 접점을 활용해 곧바로 추월할 수 있다."라는 지금의 플랫폼과 비즈니스 모델이 너무 강력한 나머지, 역으로 흥미를 끄는 부분이다.

화웨이

중국 리스크가 표면화되면서 그 상징적인 존재가 된 화웨이는 이미 미·중 경쟁의 축소판이라고 할 수 있는 기업이다. 글로벌 영향력이 더 확대되는 미국의 영향권에서 사업을 중단하거나, 공급 시스템에서 철수해야 할 위기에 놓인 화웨이가 중국 내에서 AI용 반도체 등 최첨단 기술을 포함한 공급 시스템을 얼마나 재구축할 수 있을까. 국책 기업이며 미상장 기업으로 높은 수익을 낼 필요는 없는 화웨이는 ROA 맵상에서 더 우하향한 위치로 이동할 가능성이 있다고 예상한다.

— 03 —

8사에 대한 강한 역풍은
어떤 영향을 미칠까

대응 여하에 따라 존망의 위기도?

지금까지 순조롭게 사업을 확대해 온 것처럼 보이는 미·중 메가테크 기업 8사에서 2018년 봄 초부터 이상한 조짐이 감지되기 시작하여 앞으로 한층 강한 역풍에 직면할 수 있는 가능성이 보이고 있다.

역풍의 큰 요인으로는 정치·경제·사회·기술 등의 외부 환경을 들 수 있다. 게다가 이런 요인들 이상으로 간과할 수 없는 사실이 있다. 미·중 메가테크 기업 8사가 너무 거대해진 까닭에 갖가지 분야에서 파괴적인 영향력을 갖게 되었다는 점이다. 각 분야에서 지나치게 거대해졌기 때문에 필연적으로 반작용이 일어나게 된 것이다. 대응 여하에 따라 존망의 위기에 처할 기업도 나올 가능성이 있다.

데이터 규제 포위망

21세기는 '데이터 시대'라고 불리고 있지만, 한편으로 데이터의 독점으로 초래되는 공정 경쟁 저해의 문제, 개인 프라이버시 문제, 보안 문제 등이 세계적인 이슈로 여겨지고 있다. 유럽은 이에 대해 보다 민감하게 대응하고 있는데, EU가 제정한 GDPR은 미·중 메가테크 기업에게는 일종의 데이터 규제의 포위망이라고 할 수 있다. 미국은 과학 기술 기업의 경쟁력 유지를 위해 규제에 신중한 입장이지만, 그래도 일정 부분 데이터 관련 규제는 피할 수 없는 상황이 되고 있다. '데이터는 누구의 것인가' 하는 윤리적인 문제가 제기되면, 마음대로 데이터를 이용하고 활용하는 비즈니스에 제동이 걸리는 것은 분명하다.

디지털 과세

GAFA는 거대한 비즈니스 규모에 비해 실제로 부담하는 세금이 적다는 점도 비난의 대상이 되고 있다. 현존하는 세제·법제 등으로는 포착하기 곤란하다는 것인데, GAFA를 대상으로 하는 새로운 '디지털 과세'가 2020년부터 영국에서 시행될 예정이다. 이런 움직임은 유럽을 중심으로 더욱 확산될 것으로 보인다. 지금까지의 과세 체제로는 급변하는 환경 변화에 따라가지 못하기 때문에, 과세의 불공평을 해결하려는 근본적인 세제 개혁 바람이 돌연 일어날 수 있다고 필자는 생각한다.

앞으로 외국 법인에 대해 과세의 근거로 삼는, 비즈니스를 전개하는 토대인 '항구적 시설'에 대한 법적 정의가 세계적으로 논의될 만하다.

지역경제에 미치는 영향

GAFA는 지역에서 고용률을 낮추고 지역 경제를 쇠퇴시킨다는 강한 비판도 일고 있다. 예를 들면 '아마존 효과'를 들 수 있다. 아마존의 엄청난 비즈니스가 다양한 기업과 산업, 그리고 국가에까지 영향을 미치고 있다는 것이다. 아마존은 2017년에 고급 슈퍼인 홀푸드마켓을 매입해 비즈니스 영역을 오프라인 매장으로까지 확장시켰다. 이는 아마존의 저가 정책 범위가 전자상거래 권역에서 실물 권역으로까지 확산되었다는 것을 의미한다.

아마존의 경우 거점이 있는 지역에는 고용을 창출하지만, 그 외에 사업적으로 영향을 미치는 모든 지역에는 아마존 효과를 통해 해당 지역에 존재하던 기업과 고용 시스템을 파괴하고 있다는 비판이 일고 있다. 이것이 미국에서 발생한 아마존 효과의 본질이다.

'너무 덩치가 커져서 제어 곤란'

스스로 창출한 플랫폼이 너무 거대해져서 통제 곤란이라는 사례조차 발생하고 있다. 그 전형적인 사례가 페이스북의 부정不正 계정 문제이다. 부정 계정은, 스팸이나 질 나쁜 광고뿐만 아니라 사기 행위나 페이크 뉴스에도 이용되고 있다. 이에 페이스북도 AI 기술이나 엔지니어의 작업을 통해 걸러 내는 등 대책을 강구하고 있지만, 현재의 AI 기술 수준으로는 부정 계정을 완전히 퇴치하기 어려워 보인다.

'너무 거대해져 스스로 통제가 어렵다'는 사실을 통해, 신기술 시대에 직면하게 될 새로운 시스템 리스크(특정 기업에서 시장 전체로 파급되는 리스크)의 출현을 감지할 수 있는 대목이다.

BATH를 덮치고 있는 중국 내의 역풍

중국 메가테크 기업에도 당연히 역풍이 불어 닥치고 있다. 미·중 신냉전의 소용돌이가 큰 이유는 바로 중국의 메가테크 기업 때문이지만, 국내에서의 역풍도 만만찮다. 중국의 메가테크 기업들은 국내에서 갖가지 역풍을 맞기 시작했다. 예컨대 알리바바가 확산시키고 있는 알리페이도 그 엄청난 영향력 때문에 중국 금융 당국이 규제의 칼을 들이대기 시작했다.

텐센트의 경우 가장 큰 수입원인 게임 사업에 당국의 규제망이 작용하기 시작했고 이는 곧바로 주가 하락으로 이어지고 있다. 애초 통제 자본주의 국가인 중국에서 메가테크 기업들은 국가 번영에 중요한 존재인 한편으로, 국가의 수단에 불과할 수 있다. 미·중 신냉전 와중에 알리바바의 마윈이 공산당원이라는 사실이 공표됐을 때, 필자는 마윈 같은 중국의 영웅조차도 '수단'에 불과하다는 것을 중국 정부가 위협처럼 드러낸 것이라고 느꼈다.

— 04 —

세계가 미·중으로
분단된다면 어떻게 될까

신냉전의 본질

미래를 점치는 가장 중요한 요소

미·중 메가테크 기업의 미래를 예측하는 데 가장 중요한 변수는 미·중
신냉전이다. '세계가 분단된다'는 사실은 많은 지식인들이 지적하고 있고,
이에 동의하는 일반 독자도 점점 많아지고 있다.

2018년 9월 구글의 에릭 슈미트 전 회장이 미국에서 "앞으로 인터넷
세계는 미국 주도와 중국 주도라는 두 세력으로 갈라진다."라고 예측한
사실이 밝혀졌다. 원문을 확인했을 때, 슈미트 전 회장이 중국의 기술 패
권 야망에 큰 위협을 느끼고 있음을 알 수 있었다.

"지금은 미·중 양극 체제의 시대가 다가올 것인지 아닌지가 아니라, 그
것이 어떻게 전개될 것인가가 중요하다." 이는 『포린 폴리시』(2019년 1월)

에 게재된 칭화대학 특임교수 옌쉐퉁阎学通(국제관계론)의 논문 서두에 나오는 말이다. 특히 실제로 사업에 종사하는 기업인에게 중요한 것은 '신냉전인가 아닌가'를 논의하는 게 아니라, '신냉전이 어떻게 전개될 것이며, 각각의 시나리오에 어떤 대책을 세워야 하는가'라고 생각한다.

미·중으로 양극화되어 분단되는 세계는 향후 어떻게 될 것인가

글로벌 경제는 실제로 국경보다는, 공급 사슬로 규정되는 영역이 더 중요해지고 있다. 이에 따라 향후 글로벌 경제를 볼 때는 정치, 경제, 사회, 기술의 4분야를 동시에 전략적으로 분석하는 것이 중요하다는 사실은 말할 필요도 없다. 즉 PEST 분석이 중요해진 것이다.

현재 전개되는 미·중 경쟁 구도는 '군사, 안전 보장을 포함하는 국력의 대결'(정치), '미국식 자본주의와 중국식 자본주의의 대결'(경제), '자유×통제를 둘러싼 가치관의 대결'(사회), '과학 기술 패권의 대결'(기술)이라고 필자는 분석한다. 미·중 간 무역 분쟁은 비교적 단기간에 결판 날 가능성이 있지만, 안전 보장이나 과학 기술 패권을 둘러싼 경쟁은 장기 대결로 갈 수밖에 없을 것이다. 이미 민간 수준의 미·중 간 연결이 깊어진 상황이기에 쇄국하지 않는 한 완전한 단절은 불가능하다. 특히 사람과 사람의 연결은 아무리 초강대국의 트럼프 대통령이라도 단절시킬 수 없을 것이다.

또한 아무리 국가적 안전 보장 또는 군사상의 보안 문제라고 해도, 트럼프 정권의 과격한 행동은 수긍할 수 없다고 생각하는 미국 국민도 적지 않다.

필자는 2017년 2월 미국 출장 중 트럼프 대통령과 펜스 부통령이 직접 참여해 연설했던 CPAC2017(공화당 지지 단체의 최대 연차총회)에 연구 목적으로 참가한 바 있다. 당시 트럼프 정권에 대한 미국 내 비판적인 반응을 직접 몸으로 체험하기도 했다. 다양성을 선호하는 미국 밀레니얼 세대의 경우 2016년 미국 대선에서 반트럼프적 투표 경향을 보였다는 사실이 여론 조사에서 밝혀졌다.

PEST와 '대결 구도'	미국	중국
· Politics/정치 군사, 안전 보장 포함 국력의 대결	트럼프의 (군사적으로도) 강한 미국	시진핑의 (군사적으로도) 강한 중국
· Economy/경제 미국식 자본주의와 중국식 자본주의 대결	미국식 자유시장형 '자본주의'	중국식 국가통제형 '자본주의'
· Society/사회 '자유×통제' 방식을 둘러싼 가치관의 대결	인간성의 다양함 존중받는 개성	통제가 낳은 새로운 규제 갖가지 제약을 받는 개인의 가치관
· Technology/기술 기술 패권의 대결	기술 분야 선도자 이익 일부 패권 빼앗길 걱정	기술 분야 후발자 이익 더불어 선도자로 시동

그림 5-3 PEST 분석으로 풀이하는 미·중 대결 구도

아울러 트럼프 정권의 돌발행동에 대해 유럽 등에서는 '돌발적인 변화는 사업을 위험하게 할 수 있기 때문에 회피책을 고려할 수밖에 없다'는 경향이 늘고 있다. 2019년 2월 2일 『일본경제신문』 조간판은 「유럽·이란, 제재 회피책 공모/신설 기관 미 달러 빼고 결제, 기업은 리스크 우려로 주저」라는 제목으로 아래와 같은 기사를 게재했다.

> 미국을 빼고 이란과의 기존 핵 합의를 유지할 목적으로, 이란─유럽의 무역을 촉진하는 새로운 틀이 겨우 움직이기 시작했다. 영국 등이 지난 1월 31일 발표한 신설 기관은 미 달러를 거치지 않는 무역을 지원하고, 기업들이 미국의 제재를 회피할 수 있는 체제를 갖추게 되었다. 다만 얼마나 실효성이 있을지 미지수인데, 유럽과 이란의 관계 역시 친밀한 관계와는 거리가 멀기 때문이다. 미국을 제외한 종래 핵 합의 유지에는 아직 난관이 많을 것이다.

이 기사는 이란과의 기존 핵 합의를 둘러싼 내용을 다루고 있다. 하지만 향후 트럼프 정권의 돌발행동에 대비해, 미국의 영향력이 미치지 않는 우회로를 구축해 두려는 움직임은 계속 확산할 것이다. 이란에 대한 대응을 포함한 미국 정책에 대해 다른 대책을 찾는 움직임은 미국에 대한 지나친 믿음이 하락하고 있다는 것을 의미한다.

여기에 충격적인 사실이 하나 있다. 2018년부터 알리바바가 알리페이를 통해 분산형 기술인 블록체인을 활용한 국제 송금을 본격화했는데, 필리핀, 파키스탄 등으로 송금 대상국을 확대하고 있다. 필자는 이런 동향에 대해, 알리바바라는 일개 기업의 금융 서비스라고 생각하지 않는다.

사진 5-1 왼쪽: 도널드 트럼프 미국 대통령 / 오른쪽: 마이크 펜스 부통령. CPAC2017(공화당 최대 지지 단체 연차총회)에서 필자 촬영. 같은 해 필자는 트럼프 정권을 분석하는 연재물을 기고하는 등 국제정치도 주목하고 있었다.

그림 5-4 '분단되는 세계' ~ 금융편

오히려 앞으로 수십 년에 걸쳐 전개될 '분단되는 세계' 금융편의 서막이 아닐까 주시하고 있다.

지금까지 국제 송금 거래는 미국 주도의 중앙집권형 시스템인 SWIFT(국제은행간 통신협회)만이 통용되고 있었다. 국제 결제나 통화는 지금의 중앙집권형 기술로 관리하는 것이 미국으로선 가장 용이한 상황이다. 하지만 분산형 기술인 블록체인이 이미 실용화 단계에 돌입했고, 중국에서는 알리바바가 전자상거래나 소매 거래의 상품 관리 또는 앞서 언급한 국제 송금 거래 등에 실제로 적용을 시도하고 있다.

- 미·중 신냉전 상황에서 미국의 행동은 다양성을 중시하는 관점에서 수긍할 수 없다는 가치관
- 너무 갑작스럽고 위험이 크기 때문에 회피책을 찾으려는 흐름
- 과학 기술의 진화는 누구도 막을 수 없다는 진실
- 제약 요인이 오히려 혁신의 원천

이 같은 요인을 여러 가지로 고려해 볼 때, '분리되는 세계'에서는 분리되는 자와 남는 자가 명확하게 나뉘지 않을까 예상하고 있다.

존망의 위기 속에 열쇠를 쥐는 자

미·중 신냉전의 구도는 모든 비즈니스에서 가장 중요한 변수이자 요소

가 되고 있다.

지금의 주어진 상황에서 향후 시나리오를 분석하고 대책을 강구하는 한편으로, 미·중 메가테크 기업들의 비즈니스에 집중하는 것이 보다 중요할 것이다.

미·중 메가테크 기업들에 대한 역풍이 강할 것으로 예상되는 경향을 통해, 보다 눈여겨봐야 할 것은 신뢰와 신용, 사회성과 지속가능성, 프라이버시에 대한 배려 등이다.

CES2019에 참가했을 때 가장 인상 깊었던 것은 '블록체인과 미디어·광고의 미래'라는 세션이다.

"2019년에는 블록체인이 시시해질 것이다. 왜냐하면 올해에는 여러 가지 측면에서 실용화가 진행될 것이기 때문이다." 패널로 참여했던 MIT 미디어 연구원의 말이다.

미디어나 광고업계에 종사하는 인사들로 이뤄진 패널들은 "미디어나 광고에 대한 소비자의 신뢰는 낮다. 블록체인은 소비자의 신뢰를 되찾는 수단이 될 것이다."라는 견해를 내놓았다.

● 광고에서도 종래 이상으로 프라이버시가 중요해진다.
● 소비자 개개인의 기호에 맞추는 개인화를 진행하며 동시에 소비자 한 명 한 명의 프라이버시를 중시하는 것이 앞으로 견지하여야 할 자세이다.
● 광고란 본래 소비자와 기업을 연결해야 하는 것이다.

과학 기술의 진화와 함께 광고업계도 진화해야 하지만, 종래 이상으로 소비자의 권리를 배려하는 것이, 지금 미국에서도 절실하다는 사실을 실감했다.

CES2019와 CES2018의 차이점 중 하나는, 데이터의 중요성과 동시에 프라이버시의 배려를 주문하는 발언자가 눈에 띄게 많았다는 점이다. 이번 미국 CES2019에서 유럽의 GDPR에 대한 언급보다는, 페이스북에 의해 불거진 문제를 지적하는 목소리가 많았다는 것은 앞서 설명한 바 있다.

아무리 강력해 보이는 거대한 플랫폼 기업이라 하더라도, 결국은 사람이 사용하는 것이며 사용자인 사람으로부터 신뢰·신용을 잃으면 존망의 위기에 처할 수 있다.

데이터의 독점에서 비롯되는 공정 경쟁 저해의 문제, 개인 프라이버시 문제, 보안 문제, '데이터는 누구의 것인가'라는 윤리적 문제까지 초래되고 있다는 사실은, 이미 사회성이나 비즈니스의 지속가능성이라는 측면에서 시험대에 올라 있다고 볼 수 있다.

만일 미·중 메가테크 기업 중 어느 기업이라도 실제 존망의 위기에 몰린다면, 이는 국가적 정책에 의한 것이 아니라, 고객이나 사회로부터 지지를 받을 수 없게 되었기 때문일 것이라고 필자는 예측한다.

'데이터는 누구의 것인가'라는 논점에 대해 말하자면, 소비자들은 미·중 메가테크 기업이 제공하는 서비스의 상당 부분을 '무료 서비스'로 이용하고 있다. 그 대신 제공하고 있는 '개인 데이터'에는 대단한 가치가 있으나 소비자들은 '무료로 개인 데이터를 제공'하고 있는 것이다. '데이터는 누구의 것인가' 바꿔 말하면 '데이터는 어떻게 이용되고 활용되어야 하는가'는 국가나 메가테크 기업만의 문제가 아니라, 이용하는 소비자 한 명 한 명의 문제이다.

마지막으로 사이버 보안 문제에 대해 설명한다.

필자는 기술 대국으로 주목받고 있는 이스라엘에 지난 2017년 3월 '국가 초청 리더십 프로그램' 단장 자격으로 방문한 바 있다. 이스라엘은 다른 나라들보다 앞서 예측해, 군사 기술 개발을 지상, 공중, 우주, 사이버 영역까지 확장해 왔으며 사이버 보안 분야에서도 미국을 능가하는 입지를 확보했다. 이스라엘에 체류하는 동안 정부 기관·연구 기관·대학·민간 기업 등과 수차례 세미나와 회의를 가졌다.

그때의 여러 회의 중에서 이 책과 관련해 특기할 게 하나 있다. 이스라엘의 R&D 최고 연구 기관인 바이츠만 과학 연구소에서 가진 아디 샤미르Adi Shamir 박사와의 만남 및 특별 강의 수강이었다. 샤밀 박사는 이스라엘 사이버 보안의 대표적 기술인 RSA 암호의 개발자 중 한 명이다. 이스라엘의 다음 세대가 주목해야 할 기술에 대해 묻자 이렇게 답변했다.

"앞으로 고속도로는 이런 것이다. 입체적인 나들목IC이 아닌, 신호등이 없는 교차로에서 자동차가 빠른 속도로 주행할 수 있게 된다. 고속도로에서 자율주행 기술이 실용화될 때 IC는 필요 없게 된다. 특히 '위치정보기술×AI×IoT' 등이 교차로의 자율주행과 관련된 모든 분야에 적용될 것이며, 앞으로 사이버 보안이 가장 주목해야 할 부분이다."

이는 최첨단 과학 기술과 사이버 보안이 동전의 앞뒷면처럼 표리일체가 될 것이라는 의미이다.

과학 기술의 진전에 따라 보안 문제도 고도화되고 있다는 것을 인식할 필요가 있다. 게다가 필자는 이스라엘 체류 중, "오늘이 인생 최후의 하루라고 생각하고 하루하루를 열심히 산다."라는 인생관을 자주 듣게 되었다. 이스라엘은 이산과 박해라는 장구한 역사를 지나 오면서 수많은 목숨을 잃었으며, 지금도 정치나 종교, 신조 등이 다른 나라들에 둘러싸여 항상 위기감과 긴장감 속에 살고 있다.

이스라엘은 "0에서 1을(무에서 유를)"이란 표현을 자주 쓴다. "사람은 누구나 무엇인가를 만들어 내기 위해 태어났다."라는 표현도 많은 기업가가 늘 입에 담는 말이다. 0에서 1을 만들어 내는 창조력이 중시되는 배경에는, 언제 무슨 일이 일어날지 모른다는 위기감에서 생긴 무엇인가를 만들어 내는 것에 종사해야 한다는 강렬한 욕구가 있다고 느꼈다. 이는 종장에서 언급할 '우리에게 주는 교훈', 특히 마지막 항목인 '전략 요점'에도 이어지는 중요한 메시지이다.

종장

GAFA vs BATH 시대,
우리에게 주는 교훈

목표의 리셋이 필요하다

앞선 제5장에서 미·중 메가테크 기업에 대한 역풍을 언급했다. 8개 기업의 영향력 또는 위협이 다소 줄어들 것이라는 사실에 안도하는 독자분도 있을 것이다. 그러나 그리 간단한 이야기가 아니다.

'우리에게 주는 교훈'을 테마로 하는 이번 장에서는, 국내 기업들이 곧바로 개선해 가야 할 필수적 사항을 지적하고자 한다.

우선 미·중 메가테크 기업이 가장 자신 있어 하며, 우리에게도 가장 큰 이슈가 되고 있는 디지털 전환의 목표 설정에 관한 것이다.

무현금화를 사례로 들어 설명하겠다. 미국의 대표적인 무현금화 사례로는 '무인 계산대' 편의점이라 불리는 아마존 고를 들 수 있다. 앞서 설명했듯이, 아마존 고의 목적은 아마존이란 회사 자체의 생산성을 향상하거나 구조적인 인력 부족을 타개하는 것이 아니다. "그냥 걸어 나가라."라는 캐치프레이즈에 걸맞은 신속하고 쾌적한 고객 경험과 우수한 고객 경험 가치를 제공하는 것이다.

중국에서도 "그저 꺼낼 뿐"인 자동판매기가 이미 상용화 단계에 있다. 알리페이나 위챗페이의 QR코드를 스캔한 다음 자동판매기의 문을 열고, 단지 갖고 싶은 것을 꺼내기만 하면 쇼핑과 결제가 완료된다. "그냥 걸어 나가라."라고 하는 아마존 고 못지않게 신속하다.

이에 비해 요즘 대형 마트에서 자주 보이는 '무인 계산대'에서는, 소비자가 단말기 화면에 몇 번이나 터치해야 하는 과정이 필요하다. 예를 들어 쇼핑 봉투는 필요한지 불필요한지 → 결제 방법은 무엇인지(예: 교통카드인지 신용카드인지) → 어느 회사의 것인지 등이 나오는 화면의 지시에 따라 소비자가 스스로 몇 번이나 터치해야 한다. 이래서는 '점원이 있는 점포 쪽이 더 편리하다'는 말이 나올 것이다. 이 때문에 무인 계산대 점포에서 발길을 돌리는 사람도 적지 않을 것이다. 생산성 향상이나 구조적인 인력 부족을 타개하기 위한 방안이라는 것은 이해하지만, 소비자가 몇 번이나 화면을 터치해야 하는 과정은 서비스의 명백한 질적 저하라고 생각된다.

우리가 잃어가는 것

인터넷에서 대단한 성공을 이룬 아마존은 오프라인 소매업에 진출함과 동시에, 온라인과 오프라인을 통합시켰다. 나아가 VR 등을 활용하여,

직접 점포에 갈 필요성을 현저하게 없애 주는 프로젝트에 착수했다. 국내의 중소 소매 기업은 향후 더욱 점포에서 일하는 직원의 존재 여부를 고민하게 될 것이다.

아마존은 조만간 부유층 대상의 컨시어지 서비스 등 '사람에 의한 서비스'를 개시할 것으로 보인다. 그렇지만 일반 소비자를 대상으로 '사람에 의한 서비스'를 운영하지는 않을 것이다. 바로 이 부분에 주목할 필요가 있다. 중소 소매 기업에게는 점포나 사람의 '리셋' 즉 재정립이야말로 생존 방안이 될 것이다.

인터넷이나 디지털화의 진전으로 인해 사람과 사람의 스킨십 또는 실질적인 유대가 희박해지고 있다. 편리하지만 인간미가 없는 온라인에서의 상품 설명에 무미건조함을 느끼는 경우도 늘고 있다. 좀 더 사람과 이어지고 싶다, 좀 더 편하게 상담하고 싶다, 프로에게서 전문적인 설명을 듣고 싶다는 식으로 프로가 가지는 전문성이나 프로와의 신뢰 관계를 필요로 하는 경우가 많아질 것이다. 전문성이나 신뢰성은, 마지막까지 유인 점포나 사람에게 남을 가장 중요한 재산이다.

살피고 행동하기

한편 지금 같은 매장 운영으로는 살아남기 어렵다.

앞으로는 오프라인 매장이 아니면 제공할 수 없는 경험 가치를 얼마나 창출할 수 있는지가 중대한 포인트라고 생각한다.

예컨대 서점이라면 '책을 파는 가게'에서 '정보를 제공하는 장소'로 목표를 재정립해야 한다. 책을 중심으로, 문장, 영상, 화상, 그리고 오감으로 체험하는 생생한 라이브를 통해 즐거움, 활기, 변화, 사람과 사람의 유대를 제공하는 장소가 되는 것이다.

고객의 니즈에 대해 현장에서 일하는 직원이 AI 이상으로 재빨리 정확하게 파악하여, 인간만의 꼼꼼하고 우수한 행동으로 대응할 수 있을지가 보다 중요해질 것이다. 사려 깊게 살피고 행동하는 것이 중소 소매 기업의 활로가 될 것이다.

여기까지 무현금화나 소매업을 사례로 들었지만, 다른 산업에도 같은 개념을 적용할 수 있다고 본다.

미·중 메가테크 기업에 대한 역풍이라는 트렌드로부터 주목해야 할 것은 신뢰·신용, 사회성이나 지속가능성, 프라이버시에 대한 배려 등이다. 이것들을 잘 살려야 앞으로 활로가 열리게 될 것이다.

지금 우리에게 필요한 것은 '생산성 향상'이나 '구조적인 인력 부족'이라는 기업의 논리에 따라 디지털 전환을 진행하는 것이 아니라, 어디까지나 고객 편의성의 증진과 경험 가치의 향상에 초점을 맞춰, 고객 만족을 위한 디지털 전환을 진행하는 것이다.

전략의 요점

마지막으로 전략의 요점에 관해 살펴보자. 다음 그림을 보면 이 책에서 사용한 '5요소 분석법'의 모체인 『손자병법』의 전체 구조에 대해 알 수 있다.

『손자병법』의 유명한 구절 중에는 "싸우지 않고 이긴다."라는 말이 있

Why '무엇을 위해 싸우는가'	국가와 국민의 번영
How '어떻게 할 것인가'	싸우지 않고 이긴다
What '무엇을 할 것인가'	미연에 타파한다 국력을 키운다 싸우면 반드시 이긴다

그림 『손자병법』의 전체 구조

다. 싸우지 않고 이기는 것이 『손자병법』의 본질적인 목적이며, 많은 사람이 절실히 바라는 것이기도 하다. 물론 『손자병법』을 숙독하면, 싸우지 않고 이기기 위해서는 미연에 갈등을 타파하거나 국력을 고양하여, 싸우면 반드시 이길 수 있도록 힘을 길러 두는 것이 필수적이라는 사실을 알 수 있다. 특히 가장 중요하게 여겨지는 것은 'Why: 무엇을 위해 싸우는가'에 해당하는 '도'나 '미션'이 있는가이다.

이를 현대의 기업 경영에 관련지어 생각해 보자.

우선 단순히 방관만 하고 있으면 '싸우지 않고 이긴다'는 것은 불가능하다. '미연에 타파'하고 '국력을 고양'하여 '싸우면 반드시 이길 수 있도록' 힘을 길러 두어야 하는 것이다. 그리고 마찬가지로 중요한 것은 세계가 어떻게 변화하고 있는지 알고 그 속에서 어떠한 위치에 서고자 하는지 그 사명을 명확하게 세워야 한다는 것이다.

미·중 대결이 격화되며 여러 나라들도 제각기 패권을 다투고 있을 뿐 손자의 가르침은 전해지지 않은 것으로 보인다. 이럴 때일수록 'Why: 무엇을 위해 싸우는가'에 대한 거대 담론을 세계적 관점에서 제시해야 하는 것이다. 예를 들어 다양성과 개성을 존중하며 모든 국가와 국민의 번영을 실현하는 것을 대의로 내걸고 세계에 제시하여 'What: 무엇을 할 것인가'를 제대로 준비해야 '싸우지 않고 이긴다'는 정책으로 더 많은 국가나 기업을 선도할 수 있게 되는 것은 아닐까?

마지막으로, 『손자병법』 중에서도 가장 중요한 부분이라 여겨지는 대목을 소개한다. 이는 '5요소 분석법'의 원형인 「오사」에도 있는 내용으로, "전쟁은 국가의 대사"라는 제목의 글이다. 그 전문을 군사 연구의 대가이자 전쟁사 연구가이기도 한 스기노오 요시오杉之尾宜生의 『현대어역 손자』에서 인용한다. 비즈니스나 경영 관련 번역이 아니라, 굳이 군사 연구가의 번역문을 인용하는 데는 이유가 있다. 미·중 신냉전이라는 냉엄한 현실을 재인식해야 할 필요가 있기 때문이다.

〔원문〕

孫子曰(손자왈) 兵者(병자) 國之大事(국지대사) 死生之地(사생지지)

存亡之道(존망지도) 不可不察也(불가불찰야).

故(고) 經之以五事(경지이오사) 校之以七計(교지이칠계)

而索其情(이색기정).

[현대어 번역]

전쟁 특히 무력전이란 국가가 회피할 수 없는 중요한 과제이다. 이는 국민에게는 생사가 결정되는 문제이며 국가에는 존망이 결정되는 길이다. 우리는 전쟁을 철저히 연구할 필요가 있다.

먼저 5가지의 근본적인 고려 요소를 토대로, 자신의 주체적 역량을 검증하고 이어 7가지의 고려 요소를 바탕으로 상대방과 자신의 역량을 비교 검증하라. 그러면 상대적인 역량 현실을 분석할 수 있을 것이다.

이 책을 통해 미·중 신냉전이라는 상황에 처한 더 많은 기업과 사람이 '싸우지 않고 이길' 수 있기를 절실히 바란다.